有逻辑地
说话

[韩] 金圭贤（김규현）著

罗婷 译

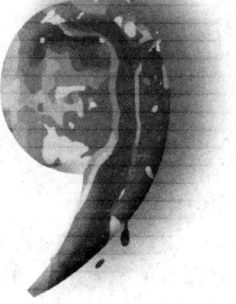

논리적
으로말하기

中国友谊出版公司

图书在版编目（CIP）数据

有逻辑地说话 / （韩）金圭贤著；罗婷译 . -- 北京：中国友谊出版公司，2022.2

ISBN 978-7-5057-5355-6

Ⅰ.①有… Ⅱ.①金… ②罗… Ⅲ.①语言艺术 - 通俗读物 Ⅳ.① H019-49

中国版本图书馆 CIP 数据核字 (2021) 第 215064 号

著作权合同登记号　图字：01-2021-5740

书名	**有逻辑地说话**
作者	[韩]金圭贤
译者	罗　婷
出版	中国友谊出版公司
发行	中国友谊出版公司
经销	新华书店
印刷	大厂回族自治县德诚印务有限公司
规格	787×1092 毫米　32 开
	6.5 印张　93 千字
版次	2022 年 2 月第 1 版
印次	2022 年 2 月第 1 次印刷
书号	ISBN 978-7-5057-5355-6
定价	45.00 元
地址	北京市朝阳区西坝河南里 17 号楼
邮编	100028
电话	(010) 64678009

前　言

为什么有逻辑地说话这么重要？

首先，有逻辑地说话是指说话符合常理。

也就是说，如果说话不合常理，就意味着你说的话无法打动别人。

如果你说话有条理，那么你在跟别人聊天或讨论的时候，你的话语就能打动对方。因此，如果你在跟别人对话或协商时，说话有逻辑，就能很容易说服对方。

在《讨论 100 分钟》①这样的辩论式谈话节目里，我们经常能看到有人在没有任何事实依据的情况下坚持自己的观点。也就是说，有很多人在不确定信息来源是否准确

---

① 《讨论 100 分钟》是韩国 MBC 电视台制作的一档辩论式谈话节目，出演嘉宾分为正反两方，双方分别阐述本方的观点并反驳对方的观点。

的情况下，把自己的观点当成真理，并且说服别人相信自己的观点。每次看到这种场景，我都会觉得这些人对辩论的认知不够成熟，还没有认识到辩论的逻辑。此外，还有很多人经常说错话，导致自己的话语没有说服力。

要让自己的话语更有说服力，从根本上来说就是要做到说话有逻辑。要想说话有逻辑，就要注意三方面：

第一个是话语的核心内容。

有的人说话，乍一听感觉他说得挺好的，可仔细一听，你会发现他说的话没有核心内容。还有的人说话的时候，听上去觉得挺有趣的，可实际内容却毫无条理可言。这也说明逻辑是一段话语的中心轴，能让话语始终围绕核心内容展开。

比如说："今天我想说一个有关韩国的问题。有一天我走在路上，发现大街上有很多流浪猫，还有很多手牵着手走路的情侣。不过最重要的还是非常华丽的门面招牌。"这段话到底是想说什么呢？

起初的一句话是没有问题的，可以看出说话者想就"韩国的问题"发表自己的观点。可接下来话题就转移到流浪猫、情侣和门面招牌上了。也就是说，说话要是没有核心内容，话语就会散漫，让听者不知所云。这也说明"核心"就像树根一样，能让话语有中心内容，能让话语站稳脚跟。

第二个是说话要有"连贯性"。

"连贯性"也属于逻辑的重要组成部分。可以说，连贯性就像是树枝。对于一棵大树来说，最重要的是拥有生命力顽强的树根，不过就算是有了生命力顽强的树根，如果树枝不能正常生长的话，那这棵树还是会歪歪斜斜的。因此要想讲话有逻辑，内容就必须连贯且有层次。

最后需要注意的是，要避免失误，逻辑上不要太过跳跃。在叙述观点时，如果逻辑错误或是太过跳跃的话，就很难说服对方，很难让人产生共鸣。

说话有逻辑的人，能用最低的成本换来最好的效果，获得最大化的经济利益。

除此之外，说话有逻辑能让我们在对话、销售、协商、辩论的过程中说服对方，让对方站在自己这边，取得更好的交际效果。

本书将介绍一些比较实用的方法，帮助读者提高话语的逻辑性。

这些方法均以逻辑为基础，旨在告诉读者如何才能更有条理地完成对话、沟通、面试、演讲、讨论、辩论等。

除了看书之外，本书还建议读者参照书中的方法进行实战练习。

希望读者在读完本书后，生活越来越幸福，越来越享受与人面对面交谈的乐趣。

目　录

第三章　丰富话语逻辑，提高表达感染力

附录

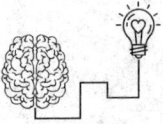

第一章

全面提升逻辑表达力

说话有逻辑，原来是这个意思

有逻辑地说话，不是通过堆砌辞藻来迷惑听众，而是用客观有力的表达来阐述相关内容或意见。这才是逻辑的核心所在。

那么，"逻辑"到底是指什么呢？

若按照其字面意思来解释，"逻辑"是指在说话或写作时，使思维或推理合乎道理。

即逻辑的重点就在于，让自己说话更合乎道理。此处的"道理"，是指事物的正常规律，抑或是合乎情理的意图。

也就是说，不合乎道理的话语是没有逻辑的。

当我们听别人说话时，会产生"真的很有逻辑"，或是"一点都没逻辑"的想法。

那么"有逻辑"和"没逻辑"究竟意味着什么呢？

逻辑是指"思维和推理的道理"，由此可知"有逻辑"意味着"思维和推理合乎道理"。

就比如说，"你知道韩国最高的山是什么山吗？是白头山。白头山海拔高达 2744 米，比海拔为 1950 米的汉拿山约高出 800 米"。这句话有逻辑吗？答案是"没有逻辑"。这句话虽然看上去合乎逻辑，但由于白头山所在的国家是朝鲜，而不是韩国，其所在的地理位置与"韩国最高的山"这一提问的前提并不相符。即这句话是不合乎道理的。因此"有逻辑"可以与"合乎道理"这一概念相对应。

那么，为什么我们说话要有逻辑呢？

我们说话是为了向对方传达自己想表达的内容，或是想更有趣地表达自己的想法，抑或是说服对方，让对方和自己站在同一边。

　　为了打动对方、为了更好地传达自己的想法，我们说话需要有逻辑。也就是说，如果无法把自己的想法准确传达给对方的话，你的话语就是没有逻辑的，那么你就无法说服对方。因此，为了能够更加理性地说服对方或听众，我们说话必须得有逻辑。为了让自己说话更有逻辑，最重要的是，要想清楚自己"该说些什么"。

明确核心关键词，话语不再散乱无序

　　说话有逻辑，是指说出来的内容既合乎道理又自然地衔接在一起，只有对自己想说的核心内容一清二楚，才能更好地衔接好要说的内容。在与人对话或是发表演讲时，首先要想到的也是"核心关键词"。可以说，最重要的一点就在于，从什么主题出发与听众沟通、用什么内容来说服对方。除此之外还得考虑如何用"核心关键词"来生动地构建说话的内容。

　　无论聊什么话题，只要明确了核心关键词，这个交谈内容就有了主心骨。反之，交谈的内容就会非常松散。因此我们首先要确定自己要说些什么。

打个比方，如果核心关键词是"自我介绍"，那就可以衍生出性格、价值观、兴趣爱好、特长等内容。不过在介绍这些内容的时候，一定不要忘了我们是在做"自我介绍"。从另一个角度来看，自我介绍可以是"令人印象深刻的自我介绍"，或是"有趣的自我介绍"，根据这两种不同的命题，自我介绍里的成长背景、性格、兴趣爱好等也会有所不同。如果核心关键词为"令人印象深刻的自我介绍"，那就可以介绍人生中让人印象深刻的经历、逸事以及独一无二的性格或兴趣爱好。

　　如果核心关键词是"有趣的自我介绍"，则可以介绍人生中有趣的经历或是自己性格上的一些有趣的特点。总而言之，话语内容的框架需要以核心关键词为中心，保持连贯，不能太老套，结构要扎实。

　　我们来看下面这段话：

　　"经常生气的人会让周围的人手足无措，对于这种人我们需要采取一些措施。我们把这种偶尔生气发火、无法调节愤怒情绪的症状称作'愤怒调节障碍'。患有愤怒调节障碍症的人首先需要学会降低自己的期待值，这样就不会对别人有很高的期待，也不会有任何压力。压力可谓是万病之源。韩国社会被各种压力包围笼罩，我们每天都会因为与职场上司、父母子女、异性等各种各样的人际关系，而面临着很多压力。"

上述文章的核心关键词非常模糊，不知道它到底是想说"愤怒调节障碍"，还是想说"压力"。

如果核心关键词不明确，那么这段话就会没有中心，非常散乱。我们要记住，无论是分几段，无论是什么框架，只要核心内容明确具体，表达出来的话语就不会杂乱无章。

保持话语连贯性，表达内容要凝练

连贯性 ▶ 内容紧紧围绕核心关键词展开

一段话语的表达是否成功，主要在于说话者有没有紧紧围绕主题讲述核心内容。无论一段话是长是短，只要有很明确的核心关键词，那就不会垮掉。而能够支撑起核心关键词的，就是连贯性。

如果说一段话语是一棵大树，那树干就是"核心"，而支撑起这一核心的就是连贯性。也就是说，连贯性让话语内容紧紧围绕核心展开，使树枝往正确的方向舒展开来。

我们可以看看下面这段以"韩国的生活质量"为主题的内容："韩国实现了被称为'汉江奇迹'的经济增长。可尽管如此，韩国的幸福指数在 OECD（经济合作与发展组织）国家中仍然排名倒数。这主要是因为韩国更加注重的是外观上的成果，而不是生活质量的提高。因此韩国也正面临着收入不均衡、分配问题和福利问题。为此，韩国应该进一步提高 GDP 和 GNP。"

这段话的开头部分描述了韩国的经济增长现象。正文部分指出由于只注重外观上的成果，韩国的生活质量和福利水平反而没有提高。可结论部分却强调要提高 GDP 和 GNP，这与开头和正文中提及的生活质量和幸福指数等内容并不相符。因为 GDP 和 GNP 是两种经济指标，分别代表着"国内生产总值"与"国民生产总值"，这两个指标体现的是外观结果而非生活质量。这种关键词会让听众感到疑惑，因此我们在说话时要注意逻辑是否正确。

我们再来看另一段话："今天我想借此机会讲一讲

韩国的市民意识。有一天我走在路上，看到到处都是垃圾，还有很多小商贩。这些各式各样的小商贩会导致全体国民的生活走向幻灭。"

这到底是在说什么呢？

其实这段话一开始是没有问题的。我们可以看到这段话想围绕"韩国的市民意识"进行阐述，可后面却突然说起了小商贩的事情。也就是说，如果没有核心内容，话语就没有中心，显得非常松散。这也证明"核心"在话语中发挥着重要作用，能让话语站稳脚跟。

此外，话语的凝练性也是需要注意的一点，在说之前要想一想：这句话一定要说吗？我们在说话或是演讲的时候，最好把想说的内容压缩成凝练的语言。说话者反复罗列某些内容，又或是重复此前说过的内容，会让话语变得非常无聊和杂乱。

确定了核心关键词后，还需要注意话语内容有没有围绕核心关键词顺畅地表达出来，并确认说出的话语是不是必须要说的。经过这种反复推敲修改的过程之后，我们才能有逻辑地说服听众。

在说话之前，我们首先要确定的是自己想说的主题是什么。接下来则是保持连贯性的表述及展开，在讲述的过程中，我们要对重复的内容或是与主题无关的内容进行删减，筛选出最需要的内容。只有这样，我们才能把自己想表达的内容传达给听众。

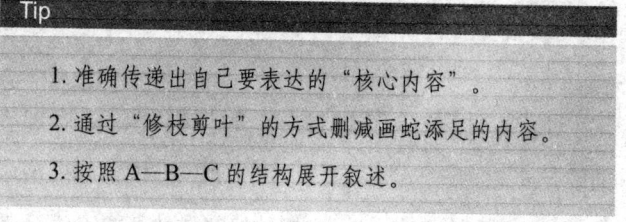

Tip

1. 准确传递出自己要表达的"核心内容"。

2. 通过"修枝剪叶"的方式删减画蛇添足的内容。

3. 按照 A—B—C 的结构展开叙述。

有逻辑地展开陈述，让听众心服口服

有逻辑地展开陈述（A—B—C）

我们要戒烟。 因为吸烟会导致肺癌、肝癌等疾病，二手烟也会给周围的人 _带来非常恶劣的影响。_ 戒烟不仅可以减少对健康的危害，还可以省下买烟的钱，_可谓是一石二鸟。_

逻辑是让话语有条理的必要条件。

有的人说话，乍一听感觉他说得挺好的，可仔细一听，你会发现他说的话没有核心内容。还有的人说话的时候，听上去觉得挺有趣的，可实际内容却毫无条理可言。这也说明逻辑是一段话语的中心轴，能让话语始终围绕核心内容展开。

在构建逻辑的主心骨这一过程中，最重要的就是"核心"，而让主心骨能更好地衔接在一起的，则是"有逻辑地展开陈述"。

从上述例文中可以看出，在讲述"戒烟"这件事时，开头部分明确表示需要戒烟，正文部分说明了戒烟的理由与必要性，结尾部分则解释了戒烟的好处。可以说，开头部分起到了引领全文的作用。

如上所述，有逻辑地展开陈述是使话语有逻辑的最重要手段。

比如说，我们可以按照下面的流程来有逻辑地讲述韩国的教育问题及改善方案：

首先是开头部分，可以说说韩国教育的现状。如学生为什么会感到痛苦，以及老师在韩国教育的大背景下，心里有哪些难处。

其次是正文部分，可以具体介绍韩国教育存在的问题，有深度地介绍当前的教育制度问题。

最后是结尾部分，可以提出针对上述问题的改善方案，具体说明将采取何种对策及具体的改善方案。

有逻辑地展开陈述共有两种方式，分别是说明与论证。

首先是具体的陈述。具体的陈述方式包括举例、因果关系、比较、对比、比喻等等。

比如说："我喜欢旅行，因为我觉得旅行可以让我学到很多东西。"这就是通过因果关系来进行陈述的方式。比较则是："接下来我带大家来比较一下 A 和 B 的经营方式。A 和 B 的相同点是都拥有直营店，而两者的区别就在于有没有代理店。"

"普遍性的福利虽然符合公平公正的原则，不过它有一个缺点，那就是效率不高。举例来说，如果我们给所有的失业者都无偿发放工资的话，那预算就会不够。"
这就是举例的方式。

其次是论证的方式。有逻辑的话语中，说明是对内容进行解释，而论证则是有逻辑地进行证明。论证和主张不同，主张是指按照自己的标准对某件事进行判断，而论证则是用具体的依据来支撑自己的观点，有着很客观的说服力。

如上所述，只有在有主心骨的情况下，运用说明与论证的方式做出具体的陈述，才能让听众心服口服。

避免逻辑性错误，把话说好并不难

---

1. 确保主谓对应

  （为了不迟到我<u>早</u>。）

2. 避免重复叙述

  （我叫理发师<u>让他</u>把我头发剪短点。）

3. 避免过度省略

  （购物吃饭后约会。）

　　要想说话有逻辑，很重要的一点就是要避免"犯错"。

　　就拿树来说吧，一棵大树就算它的根再坚固、树干再挺拔，只要发生虫害，还是会被啃个精光。我要说的第一种错误就是语法错误，错误的语法就是虫子，会蚕食掉"逻辑"这棵大树。

主谓对应是语法中很重要的一部分。比如说："哲秀急忙跑进来，剪了头发，笑了。"这个句子中有哪些奇怪的地方呢？那就是"哲秀"做了太多动作，使得主语和后面的谓语衔接起来很奇怪。其实这里是"哲秀"跑进来，笑的人是"我"，所以单看原句子，主谓是不对应的。

主谓不一致就好像一个虽然长着人脸，却拖着一双鱼尾的异类。

因此说话要想有逻辑，首先主谓就得一致。

其次是避免过度省略。上述句子中省略了"在理发店"这一地点状语，"笑了"之前也需要添加"我看到这个场景"这一状语从句。

再次，为了让话语有逻辑，我们还需避免过度的重复叙述。"我叫理发师让他把我的头发剪短点。"这个句子由于使动态的重复使用而显得不自然。我们可以把它换成"理发师帮我把头发剪短了"。

此外，还要注意连接词的使用。句子和句子之间经常会出现因果、对比、类推等衔接关系，在必要的情况下适当添加连接词，会让逻辑衔接更加自然。

提升话语准确度，说话依据要正确

韩国目前经济增长低迷。

<u>我看到过这样一个统计</u>，据说韩国现在的经济增长率为 2.2%。受政经勾结、腐败以及政府态度懈怠等影响，未来的经济预期将更加严峻。

不准确的依据也是导致话语没有逻辑的一个原因。

上述句子的核心内容是"韩国的经济增长"，但"我看到过这样一个统计"这一表述却并不是一个准确的依据。如果参考的依据不准确，就不符合常理，很难让对方信服。即逻辑性不够强，导致话语没有说服力。

最后要注意说明参考依据的出处。比如,这个统计是由哪个机构调查的?调查对象有多少人?误差范围是多少?等等,要准确说明这些信息才能让人信服。

让话语失去逻辑的错误种类还有很多,不过最基本的,还是语法问题及不准确的依据所导致的错误。

倾听对方的意见，沟通不是一言堂

要想说话有逻辑，就得认真听对方说话。

人们会经常误认为，一个人会说话就体现在能很好地表达自己的想法。其实不然。除了表达自己，我们还要学会倾听别人。这里的倾听并不单单是听，而是要对对方说的内容表示出兴趣，并试图去理解对方。

也就是说，倾听不是指漠不关心地听别人说话，而是用心听别人在说些什么。

尤其是在讨论或辩论的时候，很多人只知道罗列自己的主张，坚持自己是正确的，对方是错的。

在讨论就业政策时，对方在说："我认为最重要的不是创造更多就业岗位，而是该如何创造就业岗位。"这时如果你说"这就算了吧""我觉得不对"，就是不尊重对方，一味地坚持自己的立场的表现。

"创造就业岗位的方法固然重要，可现在最大的问题是青年失业及就业问题。因此当下亟须考虑的，是创造更多的就业岗位而不是如何创造就业岗位。"认真听完对方的观点后，相对应地发表自己的看法，这种回复才算得上是一番成熟的讨论。

要想说话有逻辑就要用心听对方在说什么。在讨论或辩论过程中，一味地坚持"自己的意见才是最重要的""自己的观点才是正确的"是非常无礼的行为。自己的意见固然重要，但只有充分尊重对方的意见，才能使对话成为互相交流的场合，而不是单方面的输出。

我们在观看《讨论100分钟》或其他的政策讨论会、选举讨论会时，经常会看到有人说"我是对的，你错了"

或是"只有我的想法才是重要的"，发表一些过于片面的言论。像这种直接无视对方或拒绝接受对方观点的行为，只会破坏讨论现场的气氛。由于这种行为过于情绪化，不讲究逻辑，一旦发生，讨论或辩论就很难顺利进行。

在讨论和辩论的过程中，沟通是非常重要的一个要素。沟通的前提是"双方通过对话达成一致"，因此一味地坚持自己的主张或意见是一种错误的行为。

培养思维有妙招，注意养成好习惯

我之前上演讲课的时候，有很多学生明明演讲的内容很好，可讲完后别人却不记得他们讲过什么。

究其原因，主要是因为他们没有条理清晰、逻辑分明地讲述自己的观点。

假设我们演讲的主题是"梦想的重要性"，一开始可能会提到树立目标有什么好处、目标会给我们的生活带来何种变化等等，但如果这时话题突然转移到了"价值观"上，或是直接变成了其他主题，那么听众就会觉得讲话内容很混乱，不知所云。

要想说话有逻辑，就得养成好习惯。这个好习惯就是要围绕自己的观点进行连贯的表述。

在一开始给人讲课的时候，我曾以"幸福"为题进行演讲，看到听众没什么反应，我就不由自主地跑题了，开始讲起自己以前失误的经历，没想到现场的气氛变得更加安静。

那次的经历对我来说就像噩梦一样。

没有紧扣主题，演讲的内容也没有趣味性，非但没有给人留下好印象，还让人想把它从脑海里删除。

通过那次经历，我深刻地体会到了一个道理，那就是在围绕某个主题进行演讲的时候，一定不能跑题，要让话语有机地衔接在一起。

能够让话语保持连贯性，就是逻辑能力的一种体现。

要让自己的表述条理清晰、逻辑分明，平时在围绕某个主题或内容发表观点时就不能太过逞能，需要培养自己说话保持连贯性的习惯。

有很多人在说话的时候经常会反问道："我刚刚讲到哪儿来着？"或是"我今天的主题是什么来着？"因此，我们需要培养一个说话不跑题、前后态度与内容保持一致的习惯。

比如说，我们可以指导别人要按照 A—B—C 的大框架来说话，如果主题为"失误"，那就可以按照"常见的失误—我的失误经历—以后如何改善失误"的框架来讲述。坚持按照这种方式来练习的话，可以为有逻辑地说话打下基础。

说话的时候，要多练习用逻辑思维围绕核心关键词展开具有连贯性的论述。首先我们可以从比较简单的内容着手，比如总结伊索寓言或其他故事的内容。这是为了锻炼抓住核心内容的能力。

就比如说，《龟兔赛跑》的核心内容是如下三点：

1. 跑得快的兔子和速度很慢的乌龟进行赛跑。

2. 兔子太过自信，在赛跑途中打盹；乌龟坚持不懈往前移动。

3. 最终速度虽慢但没有放弃的乌龟赢得了比赛。

我们可以总结出这个故事的主题是：虽然很慢，但认真的人总是会赢得胜利。

《蚂蚁和蝈蝈》的核心内容是如下三点：

1. 蚂蚁做事很认真。

2. 蝈蝈只知道玩。

3. 蚂蚁做好了过冬的准备，而蝈蝈没有做好准备，只能饿肚子。

我们可以总结出这个故事的主题是：努力干活，未雨绸缪的人总会有收获。

按照上述方法培养出逻辑思维能力后，我们就可以为有逻辑地说话打下基础。从简单的故事到复杂的故事，只要能慢慢锻炼出分析中心思想的能力，每个人都能有逻辑地说话。

逻辑与情感并用，快速提升说服力

说服是指我们为了让对方按照我们所想的方向来行动而做出的一种沟通。很久以前，亚里士多德指出，说服的三要素是"Ethos""Logos""Pathos"。

这里的"Ethos"是指威信，"Logos"是指逻辑，"Pathos"是指情感。

也就是说，说服的行为者是一个有威信的人，他会用富有感情且逻辑分明的话语，提高自己的说服力。

其实，威信并不是一朝一夕就能树立起来的。如果一个人成了一个名扬四海的人，又或是成为一个建立了丰功伟业的名人，那么就算他们不站上讲台演讲，他们的每一个行动也会吸引世人的目光。

因此，如果我们想在短时间内提高自己的说服力，就需要从逻辑和情感上着手。

要想说话有逻辑，就要提供具体的依据，根据事实进行陈述。这里要注意，不能以某个个体的个别现象作为事实依据，而要以普遍的现象作为事实依据。此外，如果你不想让自己的发言成为单方面的意见输出，就需要发表专业的见解，通过论据来提高语言的说服力。

真诚也是提高说服力的一个要素。如果说话者想表述的内容里没有融入自己真诚的态度，那么对方就体会不到说话者的真诚。真诚与否关系到说话者话语的信服力。如果说话者对自己想表述的内容没有自信的话，那对方也很难去相信说话者所表述的内容。

因此要想提高说服力，就要以具体的依据和事例为基础，辅以真诚的态度。

1. 确定核心关键词，注意表述的连贯性。

2. 用具体的依据、事例、事实说话。

3. 基于普遍性的事实有逻辑地进行陈述。

4. 避免犯错（a."非黑即白"的逻辑谬误；b.普遍化；c.情感呼吁）。

5. 引用专业的见解而非抽象的感觉或意见。

6. 基于真诚的内容来进行讲述。

第二章

理清逻辑结构，纠正杂乱无章的表达

开头生动有新意，吸引听众注意力

"storytelling"是指发表言论时的叙事结构，如果把一场发言比作一座建筑，那"storytelling"就相当于建筑物的骨架。如果一座建筑空有华丽的外观，骨架却非常不结实，那也只是一座华而不实的建筑而已。我们在发表言论时也是如此，如果结构不结实，那核心内容和起承转合就不能很好地衔接在一起。因此，我们要养成按照叙事结构来发言的习惯。

正常情况下，叙事结构基本可以分为开头、正文、结尾。

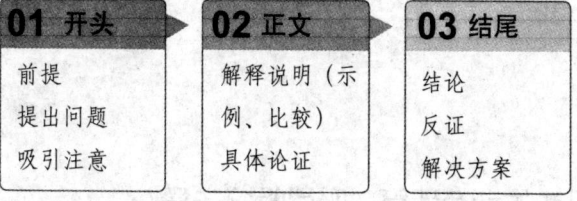

首先来谈一谈开头。如果演讲的主题是"变化"，那么在以"变化"为主题的整个演讲过程中，开头就是打开话匣子的第一把钥匙。

在准备开头部分的时候，可以通过使用俗语或讲述趣闻逸事的方式来吸引听众的注意力，这是一种很重要的方法。

如果开头部分没有吸引听众的注意力，那正文部分就很难展开讲述。

首先是在开头部分引用名人名言，具体方法如下。

比如说，在开头引用《塔木德》里的名言"变化很难，但如果不变的话就很难生存下去"或"变化是生存的必需要素"，就能激起听众的兴趣。

如果引用俗语的话，则可以这样表述："常言道，'玉不琢不成器'，因此我们不能只停留在想象的阶段，而是要将想法付诸实践。"

如果使用成语的话，可以使用"脱胎换骨"一词这样表述："就跟'脱胎换骨'一样，我们如果不去实践、不去改变的话，就无法摆脱懒惰懈怠的状态。就算失败了也没关系，通过失败的经历，我们可以学到教训与经验，这对我们的人生也会有帮助。"

趣闻逸事也是同理。我们可以通过讲述自己的经历来开头，如："小时候我脑子里有很多消极的想法。有一天我差点被车撞了，还好被路过的一位叔叔救了下来。从那之后我渐渐体会到了人生的乐趣。现在我的想法变得越来越积极，也是多亏了那次被救的经历。"

接下来我们看看"称赞"这个主题该如何开头。

首先可以用名人名言来吸引听众的注意，如"称赞能使鲸鱼跳舞"。

其次，可以用小故事来开头，"今天早上我夸了一下我夫人，夸她今天的发型好看。我一夸完她就跟我撒娇了，平时她都不撒娇的。这也让我体会到'称赞是非常重要的'。"

此外，还可以通过提问来吸引听众的注意，如："大家一天会称赞别人几次呢？"这样一来，听众就会对演讲者的内容产生兴趣，会好奇"这个人接下来想讲些什么呢？"。

因此采用何种形式开头是非常重要的。

不过也并非一定要用名人名言、小故事、俗语来开头，因为有时候比较普通的开头反而能突出正文和结尾的内容。

就比如说，我们可以用"为什么人都要追求幸福呢？"来吸引听众的注意，也可以直接在站上演讲台后，先沉默 5 秒，这样也能激起听众的兴趣。

我们不能断言哪种方式好、哪种不好，只要能根据不同的状况，恰当地使用所需形式来开头就行。

正文部分重逻辑，多法并用更精彩

　　在开头部分，我们通过引用名人名言、使用俗语、讲小故事来吸引听众的注意。到了正文部分，我们就得正式开始讲述内容。

　　这次我们用"试炼"作为主题。如果开头引用了名人名言，那接下来说话者就要用小故事、自己的观点或举例展开讲述。

　　我们的观点是"试炼能让人越挫越勇"。开头的时候如果我们采用了提问的形式，如："如果没有经历试炼，我们还能变强大吗？"那接下来就可以讲讲自己的故事，如："我小时候家里经济条件非常不好，为了活下去，我很早就开始在社会上打拼。"

此外还有比较、分析的方法。"幸福与不幸既有相同点，也有不同点。相同点是两者都是情感的体现。不同点是幸福源自一种积极的心态，而不幸则源自一种消极的心态"。

其次还可以提出意见或分享自己的观点。

"幸福就像是海市蜃楼。海市蜃楼是虚无缥缈的，不过我们还是渴望在人生这座沙漠中，找到这一海市蜃楼，因为幸福一直在我们心里。为了得到幸福，我们能经受住现实世界带来的各种痛苦。"

具体的事例叙述也是讲好正文的好方法。

打个比方，如果演讲主题是"友情"，开头就可以给友情进行分类或下定义。如："父母和子女之间可以有友情，朋友之间也可以有友情，兄弟间、同性间、异性间都可以有友情。"那接下来在正文里，我们就可以对友情存在的具体方式或与友情相关的具体内容进行说明。

正文可以采取比喻的方式来做具体说明，如："与前面列举出的其他友情相比，朋友之间的友情还是有某些比较特别的地方。友情不像爱情，如果说爱情是熊熊燃烧的烈火，那么友情就是慢慢燃烧的篝火。它能持续燃烧很长一段时间，给人带来温暖。"

这时需要注意两点：一是话语上不能出现重复；二是不要反复罗列在开头部分已经出现过的内容。

无聊的叙述及表达只会让听众昏昏欲睡。

正文就是一场基于开头提出的观点，通过提出自己的主张，再加上通过举例和讲述小故事的方式来完成的魅力十足的叙述。

正文的结构会根据演讲类型的不同而变化。由于演讲包括面试、自我介绍、讲座、PPT 演示等形式，类型非常多样化，因此我们不能一口咬定"正文一定要以这样的结构来叙述"。

在做 PPT 演示或发表演讲的时候，可以基于事实依据，采用举例、比较或对比的方法，这样能使演讲内容更有逻辑。

比如说，在做 PPT 演讲时就可以基于事实依据，按照如下方式来讲述："韩国难以一跃成为发达国家，最重要的一个原因就是'缺乏沟通'。我们生活在一个'充满差距的时代'，我们的周围充斥着代沟、地域差距、男女思想上的差距等等。根据某调查机构以老年人和青年人为对象进行的调查结果，针对'是否能对另一代人感同身受'这一问题，有 70% 表示无法理解另一代人。这种现象可能就是韩国发展逐渐退步的原因。"

在自我介绍、演讲、主持的时候，最重要的是，说话不要太生硬，适当地抖一些幽默包袱给听众带去笑点。

在做自我介绍的时候，添加一些趣味性的内容来引发听众的兴趣也是一种好方法。如："其实我小时候比较消极。其他人不带我一起玩，我就自己一个人待在角落里玩耍。我也试过去交新朋友，但没人理我，最后我只能用吃的来收买人心。果不其然，他们都拜倒在了我零食的诱惑下。"

最重要的是"叙述要有逻辑"。

除此之外，还要根据实际情况，想好该讲哪些内容，以及把重点放在哪一部分内容上，然后再来组织叙述结构。

不过正如"过犹不及"一词所代表的意思，如果一段演讲中感动的成分过多，反而会产生副作用，而趣味性成分过多会让人觉得这个演讲不够正式，这些都需要注意。

结尾总结升华观点，让叙述更深刻动人

接下来介绍叙事结构里的最后一个部分——结尾。

开头和正文部分结束后，结尾部分需要对前面的内容进行强调与总结。

比如我们以"失败"为主题，在开头部分可以引用格言，正文部分可以讲述相关的小故事，结尾的时候可以再次强调"失败是成功之母"，或用追加说明的方式来强调"失败是人生中必交的一笔学费，通过失败我们能获取智慧"。

这时最重要的是，不能脱离开头和正文的观点，即不能说一些与前文全然无关的内容。

否则的话，开头和正文中叙述的内容都会成为泡影，听众也会觉得非常混乱。

如，针对"失败"这一主题，在开头和正文中，我们已经通过引用名人名言、讲述小故事引发了听众的关注，最后结尾的时候突然提出一个不合时宜的反问："我们一定要经历失败吗？"或者用与前文完全无关的一句话来结尾："所以我们不能失败。"这样会让听众陷入混乱。

还有一种方法就是在结尾时，再次吸引听众的注意，或是重申自己的观点。

如，以"幸福"为主题，那么在开头和正文结束后，结尾的时候可以反问："各位现在幸福吗？"这对听众来说，也是一个需要好好思考的问题。

我们还可以重申自己的观点，如"幸福是什么？仔细想想，其实幸福或不幸都是我们自己的感觉。角度不同，感受到的东西也不同。因此我认为我们每个人感受到的幸福都是不一样的"。

此外，通过概括总结各种统计结果或资料，把自己的想法一目了然地表达出来，也是一种很好的结尾方法。

举例来说，针对"低保老人"这一问题，结尾的时候可以说："据韩国国家统计局的统计结果，目前韩国的低保老人多达 40 万人，这是一个严重的社会问题。政府和市民团体需要把这一问题当成一个全国性的问题，共同探索解决方案。"

最后一个方法，是使用成语或引用名言来结尾。

比如说，在详细讲述了"分享"这一主题的相关内容后，可以用"众人拾柴火焰高"或"了解到了积少成多的重要性"来总结，听众一下就能理解讲者的观点。

在讲述"朋友"这一主题时，结尾可以这样讲述："老朋友就像是一瓶窖藏多年的红酒"或"拥有一个知心挚友的人生才称得上是成功的人生"。

因此，要做出一场令人印象深刻且魅力十足的叙述，就需要阅读大量的书籍，丰富自己的人生阅历，让自己拥有丰富的背景知识。此外，根据实际情况给听众总结出一个恰当的结论，也是一个很好的叙事方法。

五种叙事结构类型，充实你的逻辑框架

叙事结构大致可以分为五种类型。

类型

1. 前提—具体叙述—结论（A—B—C）

2. 引发共鸣—具体说明—解决方案（F—B—S）

3. 吸引注意—具体叙述—展开论证（Q—B—E）

4. 提出问题—反向论证—结论（Q—R—C）

5. 结论—具体依据—展开论证（C—B—E）

　　叙事结构需要根据不同的情况与演讲类型来进行调整。比如说，在面试或自我介绍的时候，最有力的方法是引发共鸣或讲小故事。而在讲座或 PPT 演讲的时候，则需要采用别具一格的方式来开头，或通过提出问题的形式给听众留下深刻印象。

接下来我们就来仔细看看叙事结构的五种类型。

第一种类型：前提—具体叙述—结论

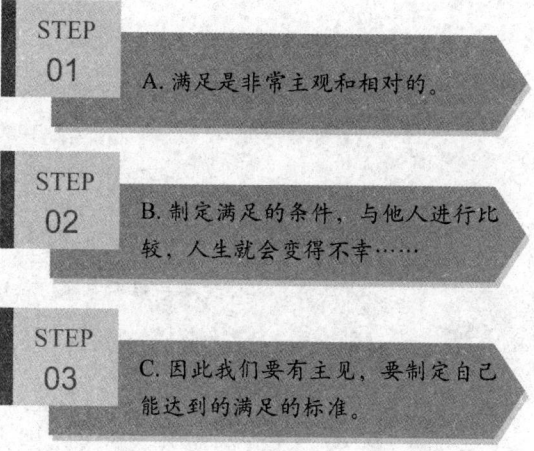

STEP
01

A. 满足是非常主观和相对的。

STEP
02

B. 制定满足的条件，与他人进行比较，人生就会变得不幸……

STEP
03

C. 因此我们要有主见，要制定自己能达到的满足的标准。

"满足是非常主观和相对的，制定满足的条件，与他人进行比较，人生就会变得不幸。因此我们要有主见，要制定自己能达到的满足的标准。"

这是最基本的一种叙事结构。首先，"前提"的内容主要为正文开始前的介绍性内容或讲者的主要观点。这时需要注意的是，这个开头要与接下来的正文和结尾部分自然衔接。这种形式的演讲最重要的是前后的连贯性。因此，我们要设计一个对于听众来说非常自然的开头。

"前提"后就是正文。在这种类型的叙事结构中，最好的正文内容就是小故事，就是把自己或他人经历过的事情当成事例来讲述。如果想吸引听众的注意，就要把自己或他人的经历生动地描绘出来。

结尾部分需要讲述通过这些经历体会到了什么，使其能与开头和正文的内容自然而然地衔接起来。

第二种类型：引发共鸣—具体说明—解决方案

STEP
01

F. 是的，韩国的出生率在 OECD 国家中排名倒数第一，今年韩国的新生儿童数仅为 21 万名。

STEP 02　　B. 人们为什么不愿意生孩子呢？最主要的原因就是房价、养育费以及经历断层问题……

STEP 03　　S. 要解决房价问题，让新婚夫妇能够买得起，首先需要施行新房配额制，而不是加分制。

　　这种叙事结构类型是有逻辑地讲述能够引发听众共鸣的内容。即，在讲述低出生率问题的时候，可以这样介绍："是的，韩国的出生率在 OECD 国家中排名倒数第一，今年韩国的新生儿童数仅为 21 万名。"

　　让对方或听者产生共鸣，意味着可以赢得他们的信赖，让他们打开心门，专注地听你的讲述。因此，引发听者共鸣在叙述过程中发挥着非常重要的作用。

　　正文部分需要详细讲述引发共鸣的原因。比如说，在主题为"出生率问题"的时候，可以详细介绍现实生活中的实例，这样听众中相应的人群能够产生更强烈的认同感。即，需要对出现这一问题的理由有逻辑地进行说明。如："人们为什么不愿意生孩子呢？最主要的原因就是房价、养育费以及经历断层问题。"

结尾的时候需要基于开头和正文中论及的主旨，明确总结出一个结论。假设主题为"低出生率的解决方法"，如果开头部分引发了听众的共鸣，正文部分详细讲述了具体实例的话，那么最后结尾就可以提出"为什么低出生率是一个值得重视的问题"以及"需要制定何种解决方案"，做出一个令人印象深刻的结论。

这种叙事结构用一种接地气的方式来贴近听众，适用于需与对方交心畅谈或需引发对方共鸣的场景。

第三种类型：吸引注意—具体叙述—展开论证

STEP
01

Q. 大家觉得与异性第一次见面的时候最重要的是什么？

STEP 02

B. 无论男女，大部分人都觉得第一印象是最重要的。因为大家第一眼看的都是对方的外貌……

STEP 03

E. 不过瑞士心理学家卡尔·荣格认为，当我们对某个人有好感的时候、他的这种好感其实是他内在性格的体现。

第三种类型是通过提问来吸引观众的注意力。通过提问的方式能知道听众想要什么，了解听众正在想些什么，与听众产生共鸣。这是一种很好的叙事结构类型。

首先，我们可以在开头部分进行提问，以吸引听众的注意。比如说，我们可以通过提出"大家觉得与异性第一次见面的时候最重要的是什么？"这一问题，问到听众的心坎里，来吸引他们的注意。这时需要注意的是，提出的问题不能跑题，要与主题十分契合，同时还要能引发听众的共鸣。如果提问不够准确到位，或者无法引发听众共鸣的话，反而会使听众反感，还会导致冷场。

正文部分需要对自己提出的问题做出回答。如果你在开头部分提的是有关"与异性的第一次见面"相关的问题的话，那你在正文里就要提出自己对这个问题的看法或意见，如："无论男女，大部分人都觉得第一印象是最重要的。因为大家第一眼看的都是对方的外貌。"

　　结尾部分需要对开头的提问发表自己的看法以及有这种看法的原因，自然而然地说服听众。这时需要注意的是，贯穿开头、正文、结尾的提问和回答需要自然而然地衔接在一起，这样才能更好地引发听众的共鸣。

第四种类型：提出问题—反向论证—结论

STEP 01 Q.俗话说，"宁做蛇头不做龙尾。"这句话真的是对的吗？

STEP 02 R.西方有一句俗语，"不做狐狸头，要做狮子尾。"……

C.这句话的意思就是："就算是在一个大的群体里当倒数第一，也比在一个小群体里当第一学到的东西要多。"

第四种类型看上去有些过激。不过也正因为如此，这样的方式有可能会让听众觉得眼前一亮，但如果不能恰当把握合适的度的话，可能会显得过于直接，挑战到听众的底线，这一点需要注意。这种方式需要一语击中要害，即，一开始要用提问来激发听众的好奇心，到了正文和结尾部分就要缓解这种紧张感，让听众和自己站在同一战线。

首先我们要在开头部分提出问题，这里提出问题就是字面意思——针对某个事实或概念提出问题。比如："虽然俗话说'宁做蛇头不做龙尾''众人拾柴火焰高'，可如果拾柴的人太多，就会出现豆腐渣工程，柴火就会散落一地。"

正文部分需要对开头的提问进行论证。如果开头的提问是关于"宁做蛇头不做龙尾"这句话，那么在正文中可以用"西方有一句俗语，'不做狐狸头，要做狮子尾。'"来论证。

在结尾部分则要说明自己为什么一定要在开头提出这个问题，自然而然地说服听众。这时需要注意的是，开头、正文、结尾之间要自然地衔接在一起，让听众能够理解其逻辑关系，否则绝对无法说服听众。

第五种类型：结论—具体依据—展开论证

STEP 01

C. 时代在进步，现在已经没有"铁饭碗"这种概念了，我们需要同时做多手准备。

STEP 02

B. 韩国有这样一句俗语，"一生只挖一口井。"可就拿个体商贩来说吧，去年的统计结果显示，过去五年里，个体商贩的生存率仅为20%，每个月只有100万韩元（约5400元）收入……

E. 目前我们即将进入平均寿命100岁的时代，为此我们需要尽量多挖几口井，而不是只盯着一口井死挖。

这种叙事结构类型的特点是先提出结论。

先提出结论能瞬间吸引听众的注意。比如我们可以说："时代在进步，现在已经没有'铁饭碗'这种概念了，我们需要同时做多手准备。"

这时重要的一点是，提出的结论要有一定的可信度，观点要新颖。这样才能吸引大众的眼球。正文部分需要有逻辑地论证"为什么会得出这样的结论"，"为什么会提出这种观点"。

虚假的依据或普遍化、情感呼吁、非黑即白等错误会降低话语的说服力，因此在论证的过程中，尤其需要注意不要犯上述错误。

在结尾部分，需要再次强调开头和正文中出现过的内容，将开头提出结论时的基调一直维持到结尾。

综上所述，要想说话有逻辑，就要正确设计叙事结构。平时可以按照上述五种类型的结构来讲述，养成一个好习惯。

此外，你还可以根据说话的场景来决定采用哪种叙事结构，说话的场景包括对话、面试、做讲座、PPT 演讲等。

我相信，如果经常进行叙事结构练习，每个人都能成为说话有逻辑的演讲达人。

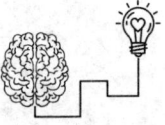

第三章

丰富话语逻辑，提高表达感染力

理清逻辑术语，培养思维快人一步

　　有逻辑地说话是指按照合理的思维来讲述内容。俗话说，知识就是力量。为了使说话更有逻辑，我们要先具体了解相关的专业词汇。

　　首先是命题。命题的意思有很多种，在涉及逻辑这方面时，命题的意思是指能明确辨别一个陈述是真是假的一句话或一个条件。

　　我们来看"63 大厦有 63 层"这句话，因为 63 大厦实际上就是一座 63 层的建筑，所以这句话是"正确"的。如果说"63 大厦一共有 65 层"，那么这句话就是"错误"的，因为 63 大厦实际上只有 63 层。

1. 命题：能辨别一个陈述是真是假的一句话。

2. 价值命题：规定某件事物的价值的命题。

例）那个女生很漂亮

3. 事实命题：描述某个事实的命题。

例）韩国四季分明

4. 普遍事实：每个人都知道的一般性知识。

例）人都有一死

5. 特定事实：只有特定的某个人才知道的某件事。

例）我昨天去了咖啡店

6. 前提：推理时，能为下定某个结论提供依据的判断。

根据命题涉及的对象，我们可以把命题分为价值命题与事实命题。

而事实命题又可以根据该事实是否具有个别性而划分为普遍事实和特定事实。

形式逻辑是指在基于某种条件的情况下，在判断某个陈述正确与否的时候，不注重其内容，仅依靠形式来判断真伪。即，形式逻辑是指仅依靠形式来判断真伪的一种逻辑。论证是指有逻辑地进行证明，推理则是指以某种判断为依据来推断出另一种判断的方式。

> 7. 形式逻辑：不注重内容，仅靠形式来判断真伪的一种逻辑。
>
> 8. 推理：以某种判断为依据来推断出另一个判断。
>
> 9. 选言推理：选择性地推断出结论。
>
> 10. 假言推理：通过假设来推断出结论。
>
> 11. 定言推理：通过确定来推断出结论。
>
> 12. 三段论法：由两个前提和一个结论构成的推理方法。
>
> （定言、假言、选言）

推理可以分为选言推理、假言推理和定言推理。选言推理是指有选择地推断出结论，假言推理是通过假设来推断出结论，定言推理是指通过确定来推断出结论。

三段论法是指由两个前提和一个结论构成的推理方法，就是分三个步骤来进行论证和推理。三段论法是使用频度最高的推理方法。

如上所述，逻辑的相关专业用语种类繁多，甚至理解起来还有些难度。不过只有理解了这些专业用语的意义，说话才能更有逻辑。

分清命题种类，快速辨别话语真伪

命题是指什么呢？

命题的意思是指能明确辨别一个陈述是真是假的一句话或一个条件。

命题可分为价值命题与事实命题。

首先，价值命题是指规定某件事物的价值的命题。比如说，我们在讨论"没有什么东西比钱更重要"这一命题是真是假时，其实最终的结果可以是真，也可以是假。

因为比钱更重要的东西可能存在，也可能不存在。也就是说，这里我们说的"重要"不是事实问题，而是价值问题，所以就没有所谓的真假了。

我们来看下面这句话。

"史上最美的女子是克莱奥帕特拉。"

这句话其实陈述的是美的价值而非事实，因此可以说是价值命题。即，由于每个人对"美"的定义和评定标准都是不同的，所以很难来区分这个命题是真是假。

与之相反，事实命题则是描述某个事实的命题。

比如说，"韩国GDP排名世界第11位"这一命题就是在陈述事实，所以是一个事实命题。据统计结果显示，韩国的GDP确实位居全球第11位，所以上述命题陈述的是一个客观事实。如果我们说"韩国的GDP排名世界第100位"，那这个命题就与统计结果显示的内容相悖，所以是错误的。

我们再来看下面这句话。

"昨天我遇到的那个人是哲秀。"这个命题是价值命题，还是事实命题？从内容上来看，这句话在陈述一个事实，因此是一个事实命题。那么这句话陈述的是常识还是特定事实呢？由于这句话里包含了"昨天我遇到的"这一部分，所以可以说是特定事实。

那么普遍事实是指什么样的内容呢？

我们来看这句话："所有的生命都会死去。"研究证明，所有的生命都会死去，所以这句话是对的。而且这句话的对象没有仅限于某个个体，而是以所有的生命为主体，因此是一个普遍事实。

综上所述，我们可以说一个事实命题是对的或是错的，也就是可以辨别虚伪。而价值命题则只是涉及价值，无法判定其真伪。

克服逻辑错误，不让对方无所适从

话语内容如果在逻辑上出现了错误，就很难说服别人。因此具体掌握会发生哪些逻辑错误，我们就可以避免出错，提高话语的说服力。

接下来我们就来看看逻辑错误到底有哪几种。

一是论点跑偏的问题。

我们来看这句话："我们不能有偏见，因为我现在很饿。"

"偏见"和"肚子饿"是完全不相干的两回事。也就是说"肚子饿"不能成为"偏见"的论点。如果表述的内容不符合论点的范畴，就会出现这种逻辑错误。这就是"论点跑偏"的逻辑错误。

二是含糊性错误。

含糊性错误可以分为句子成分含糊不清的错误以及表意模糊的错误。比如说，"昨天我在我朋友房间里看到了女朋友的照片"。这句话里"女朋友的照片"不确定是指"朋友的女朋友"还是"我的女朋友"，可以说是"句子成分含糊不清的错误"。

"韩国人有时候自尊心很弱，有时候自尊心很强，整体来说大家都想守护好自己的自尊。"这句话想表达的意义就很模糊。其实就是"有时候自尊心很弱，有时候自尊心很强"与"整体来说大家都想守护好自己的自尊"之间的相关性非常模糊。

三是重复论证的错误。

重复论证是指把说过的话一遍又一遍地反复叙述。比如说："朋友就住在我家旁边，我家就在我朋友家旁边。"刚说完"朋友住在我家旁边"，马上又说"我家在朋友家旁边"，只是把一个事实重复叙述了两次，这就是重复论证。

论点跑偏：

我们不能有偏见，我现在很饿。

含糊性：

昨天我在朋友房间里看到了女朋友的照片。

重复论证：

朋友住在我家旁边，我家就在我朋友家旁边。

四是非黑即白的逻辑错误。

非黑即白的逻辑其实就是一种二分法，这种逻辑认为事物非黑即白，非善即恶。就比如说，"你不喜欢吃苹果啊，那你就是讨厌苹果了吧"，这句话就是一种逻辑错误。我们不能因为一个人不喜欢吃苹果，就说他讨厌苹果，也不能断定一个人非善即恶。这种错误就是非黑即白的逻辑错误。

五是普遍性错误，也是逻辑错误中最常见的错误。

普遍性错误是指把个人的想法或意见当作是大多数人的见解，并将其当作一种事实来讲述。

比如说："哲秀不喜欢吃苹果，那就意味着大多数人都不喜欢吃苹果。"这句话的逻辑是"由于哲秀不喜欢吃苹果，所以大多数人都不喜欢吃苹果"。这就是一种典型的普遍性错误。

在讨论或辩论过程中，我们经常会出现普遍性错误。还有人会经常在对话中把少数几个人的意见当作是大众的见解或既定事实。这种现象会导致话语失去说服力，因此需要多加注意。

非黑即白：

你不喜欢吃苹果啊，那你就是讨厌苹果了吧。

普遍性：

你不喜欢吃苹果啊，那肯定大多数人都不喜欢吃苹果。

六是前提错误。

在听人讨论或辩论时，我们有时会觉得讲话者的话语里虽然没有错误，可还是有些奇怪。这时候，讲话者可能就犯了"前提错误"。

前提是指推理时，能为下定某个结论提供依据的判断。如果前提错了，那么整个句子或整段内容就会没有逻辑。

比如说："所有的手机性能都很好，那我的手机性能肯定也很好。"这句话看上去很有逻辑，但前提并不完全正确，所以整个句子没有说服力。有的手机可能性能很好，但有的手机可能会因为使用时间过长，性能变差或出现故障，因此我们不能说所有的手机性能都很好。这就是前提错误。

再来看这句话："韩国人活得都很累，未来大家会笼罩在更黑暗的环境中。"虽然有的韩国人确实活得很累，但不是所有人都活得很累，所以这里也是前提错误。

前提如果不正确，那么整个句子就会没有逻辑。

接下来我们来看看"鲸鱼的智商比人高"这句话。

鲸鱼的智商约为 80，而人类的智商高于 100，因此上面这句话是错的。这就是事实错误。也就是说，把错误的陈述当成是一种事实，就是事实错误。

前提错误：

所有的手机性能都很好。

事实错误：

鲸鱼的智商比人高。

我们来看这句话："每次下雨的时候朋友就会打伞，今天朋友又打伞了，现在外面肯定在下雨。"乍一看这句话的逻辑好像没什么问题，仔细分析就会发现有逻辑盲点。因为朋友打伞并不意味着下雨了。有可能是太阳太晒了，打伞来遮阳，也有可能是下雪了才打的伞。因

此我们不能断定打伞就一定是下雨了。这种错误是肯定后件式的逻辑错误。

七是与肯定后件式完全相反的否定前件式错误。

我们来看这句话："每次只要肚子一痛，哲秀就会吃药。昨天他肚子没痛，应该就没吃药。"仅凭肚子没痛这一现象就断定他没吃药，是不符合逻辑的。就算是肚子不痛，他也有可能因为受了风寒吃了感冒药，还有可能因为受伤而吃了其他的药。这种错误就是否定前件式的逻辑错误。

我们把肯定后件式的错误称为"逆命题"错误，把否定前件式的错误称为"否命题"错误。此外我们还把否定后件称为"逆否命题"。逆命题、否命题、逆否命题注重的不是内容而是形式，因此它们也被称为"形式逻辑"。后面我们会详细介绍逆命题、否命题、逆否命题的有关内容。

> 肯定后件式的错误：
>
> 每次下雨的时候朋友就会打伞。

今天朋友又打伞了，现在外面肯定在下雨。

否定前件式的错误：

每次只要肚子一痛，哲秀就会吃药。

昨天他肚子没痛，应该就没吃药。

错误的种类有很多种，如果逻辑有误，那话语就会失去说服力。因此讲话者与听者，都需要锻炼发现自己或对方话语中逻辑错误的能力，提高自己的逻辑能力与说服力。

巧分逻辑条件，精准抓取谈话漏洞

条件是什么呢？从字面上的意思来看，条件是指"某件事成立时所需的事项"，那么逻辑为什么需要条件呢？那是因为在阐明命题的充分性和必要性时需要条件。

即，如果命题 P 是真命题时，命题 Q 也是真命题，那么命题 P 就是命题 Q 的充分条件，我们可以用 P $\Rightarrow$ Q 来表示。这时 P 就是 Q 的充分条件，Q 就是 P 的必要条件。如果 P $\Rightarrow$ Q，同时 Q $\Rightarrow$ P 也成立的话，那么 P 就是 Q 的充分必要条件，可以用 PQ 来表示。

我们来看看例子。

"床是家具"，我们就用这句话来仔细分析必要条件与充分条件之间的关系。

家具的种类有很多，包括床、椅子、衣柜、沙发等。即，床属于家具的一种，如果一个事物是床，那它就是家具，因此床是家具的充分条件。

如果一个事物情况能推出另一个事物情况，那么这个事物情况就是另一个事物情况的充分条件。必要条件则与之相反。床、椅子、衣柜、沙发等都是家具。即，家具包括床这一子集。因此家具是床的必要条件。

这种情况我们可以总结为"P 能推出 Q"，"P 是 Q 的充分条件，Q 是 P 的必要条件"。

我们再来看另一个例子。

"所有的奇数都是自然数。"由于所有的奇数都满足成为自然数的条件，因此我们说奇数是自然数的充分条件。一个数字如果不是自然数，那就不可能是奇数。因此一个数字是自然数是成为奇数的必要条件。

即，自然数是奇数的必要条件。不过自然数与奇数不是同一概念，在逻辑上并不等价，因此它们不能互相成为充要条件。

有 A 就一定有 B，则 A 是 B 的充分条件；无 A 就一定无 B，则 A 是 B 的必要条件。

总而言之，下位概念满足上位概念时就是充分条件，上位概念需要下位概念时就是必要条件。

在"床是家具"这一例句中，"床"是下位概念，"家具"是上位概念，不过"家具是床"这句话却是不成立的。即，在命题中上位概念先行于下位概念的情况是不成立的。而与之相反，床是家具的充分条件这一情况是成立的。同理，我们再来看"所有的奇数都是自然数"这个命题。"奇数"是下位概念，"自然数"是上位概念，因此这个命题是真命题。此外，奇数是自然数的充分条件，自然数是奇数的必要条件，这两种情况都是成立的。而"所有自然数都是奇数"这一命题，由于上位概念先行于下位概念，因此是不成立的。

下位概念与上位概念是两个非常重要的概念，两者还可以形成因果关系。我们来看"所有人都会死"这一命题，因为每个人最终总会有一死，所以随着时间的流逝也会产生下位概念和上位概念。换句话说，"死的都是人"是不成立的，因为会死的不一定是人。跟"所有人都会死"相比，"死的都是人"对上位概念和下位概念进行了互换，因此无法成立。

我们再来看"我奶奶90岁了"这句话。"我奶奶"满足"90岁"这一条件，所以"我奶奶"是"90岁"的充分条件。"90岁"这个年纪需要存在于"我奶奶"这一条件之上，因此"90岁"是"我奶奶"的必要条件。但是"我奶奶"与"90岁"并不对等，因此两者不能互为充要条件。

那如果我说"我妈妈是金末子"呢？"我妈妈"就是"金末子"的充分条件，而"金末子"就是"我妈妈"

的必要条件。不过这里因为"我妈妈"就是"金末子"，所以两者是对等的，互为充要条件。

我们经常会说这样一句话："努力学习就能考上一所好大学。"这个句子的前后两个内容之间存在充分条件和必要条件的关系吗？答案是两者都没有。如果前后两个内容之间存在充分条件或必要条件的关系，那么这个命题必然是个真命题。可每个人对"努力与否"与"某所大学是好是坏"的评价标准是不同的，而且我们也不能断定努力学习就一定能考上一所好大学，所以这个命题是错误的。

那我们再来看这句话："只有好好学习才能考上大学。"因为只有好好学习才能考上大学是公认的事实，所以这是个真命题。只有好好学习才能考上大学的逻辑是成立的，所以存在充分条件。而为了考上大学必须要好好学习，所以存在必要条件。

我们再来看另一句很常见的话。

这句话就是"有钱会很幸福"。幸福其实不是一个事实而是一种价值，因此这句话其实是个价值命题。即，价值命题不能成为辨别真假的标准。而且并不是有钱就一定幸福，所以这不是一个真命题。因此这句话里不存在充分条件和必要条件的关系。

多种说明方式，让听众深入理解内容

"说明"是指将某件事或某个内容用话语传达给对方，你说话越有逻辑，对方就越容易理解你所表述的内容。

说明不同于论证，说明最重要的是让对方理解自己讲述的内容。讲者只有通过举例、比较、对比、因果关系、比喻等方式来说明，才能把自己的意图更好地传达给听众。

> "如何对待变化"会给我们带来截然不同的影响。
>
> 比如说，如果我们害怕改变，那我们终究难以走上成功

> *之路：如果我们的思想停滞不前，那我们的行动也会原地踏步，最后就会导致无法获得成功。而如果我们积极迎接变化，那我们就会产生实现目标的动力。*

上面这段话就是在用举例的方式，说明变化与否给人带来的不同影响。讲者通过举例，能把自己想表达的内容更好地传达出来。

> 多项研究分析表明，"压力"会对健康带来非常恶劣的影响。首先"压力"会让人处于紧张状态，这时人体内会分泌肾上腺素，产生活性氧。活性氧会缩短人的寿命。*因为活性氧是有毒性的*，大量的活性氧累积在体内会损伤血管或器官。

上面这段话介绍了压力会对人体健康带来非常恶劣的影响。通过说明"活性氧会缩短人的寿命"，解释了压力为什么会危害人体健康。这就是采用"因果关系"来进行说明的方式。

韩国的自杀率在 OECD 国家中排名第一，这是个不光彩的排名。<u>日本</u>的自杀率也很高，相当于每 10 万人中有 21 个人自杀，而在<u>韩国</u>每 10 万人中足足有 33 人自杀。

上面这段话介绍了韩国的自杀率在 OECD 国家中排名第一。为了更好地说明这一事实，这段话用具体的数值介绍了日本和韩国的自杀率，对具体的统计结果进行了比较。这里采用的就是"比较"的方式。

"男人和女人有很多的不同之处，而其中最大的差别就在于，对于同一件事男人会更加<u>理性</u>，而女人会更加<u>感性</u>。"因此我们需要正确认识到这种差异，在与男生或女生交往的时候，也需要注意这一点。还有一点差别就是，吵架的时候男人更注重结果，而女人更注重过程。

上面这段话介绍了男女之间的差异，即，男人更理性，女人更感性。这段话就是采用"对比"的方式说明了男女之间的差异。比较把重点放在两件事物的相同点上，而对比的重点在于两者之间的差异。

> 想要身体健康，就得戒烟。抽烟就像一场赌博，百害而无一利。在抽烟的那一瞬间可能会觉得很幸福，可最终的结果是自我毁灭。抽烟不仅会引发肺癌、胃癌等疾病，还会产生刺激性气味，甚至带来经济问题，其坏处不胜枚举。

上面这段话的主题是"为了身体健康就要戒烟"。为了强调抽烟的危害，这段话里使用了"抽烟就像一场赌博"这一"比喻"的手法来进行说明。比喻是用喻体来生动表达本体的修辞手法。上面这段话的本体是"抽烟"，喻体是"赌博"。这段话用比喻的方式生动形象地表达出了抽烟的危害。

说明是为了让对方更好地理解我们想表达的内容，说明的方式包括举例、比较、因果关系、比喻等。

有逻辑地说话，就是要根据不同的场合，选取恰当的说明方式来讲述内容，帮助对方或听众更好地理解话语内容。

善用论证推理方式，增强表达说服力

论证是指用确切的原因来解释某个判断的真实性，也可以称作"证明"。而推理则是以某个判断为依据，来推断出另一个判断。论证与证明、推理与类推是两对非常相似的关系。但这两种方法的使用都需要符合逻辑，否则的话还是会失去说服力。可以说，这两种方法的概念虽然不同，但用法相似。

论证不同于说明。说明是详细介绍相关内容，而论证是有逻辑地证明所说内容真实无误。论证也不同于主张。一个人的主张是这个人根据自己的标准做出的判断，而论证是基于具体的根据来进行讲述，因此论证可以提高写作或演讲的客观说服力。

比如说："夏威夷很美，为什么呢？因为我觉得它很美。"这句话就是一种带有个人立场的观点，是无法进行论证的。美丑与否是一种价值标准，并不是大众化的事实标准。因此如果我们要对某个命题进行论证，那这个命题必须得是具体或普遍的事实。为了准确理解逻辑的意义，我们首先得知道逻辑词汇的概念。

推理是指以某种判断作为依据来推断出结论。

为了更好地完成论证，我们要用有逻辑的依据来进行具体的推理。而推断出结论的方法主要有三种，分别是定言推理、假言推理和选言推理。

推理和论证的典型论证法是三段论法。为什么说它是典型论证法呢？因为三段论法首先会设定一个大前提，之后再设置小前提或命题，最后导出结论，这是一个非常有逻辑的论证过程。

接下来我们来看三段论法的论述方式。

三段论法的论述方式为 A—B—C 三段，即大前提—小前提—结论。

三段论法包括定言三段论法、假言三段论法、选言三段论法。定言三段论法是指基于普通命题进行的推理，假言三段论法是基于假设法的推理，选言三段论法则是指有选择性地推理。

定言三段论法和选言三段论法多用于辨别内容的真假。如果定言三段论法中的大前提是"海水是咸的"，小前提是"汉江是海"，结论是"汉江的水是咸的"，那么我们就可以判断出结论是真是假。由于汉江不是海，所以"汉江的水是咸的"这一结论就是错的。

再比如说，如果选言三段论法中的大前提是"荣熙每周三都会去釜山或丽水"，小前提是"上周三荣熙没有去釜山"，结论是"那荣熙肯定去了蔚山"，那么我们就可以判断出最后的结论是错的。因为大前提的内容是"荣熙周三如果不去釜山的话就会去丽水"，因此结论和大前提是相悖的。如上述两个例子所示，定言三段论法和选言三段论法可用于确认内容的真假。

我们可以采取假言三段论法，由"海水是咸的"这一条件，推理出"没有咸味，就一定不是大海"这一结论。这种推理方式其实没有论证内容的真假，而是在辨别条件的真伪。因此假言三段论法可用于证明形式上的真伪。

即，三段论法可用于辨别真伪。其中定言和选言三段论法可用于辨别内容上的真伪，而假言三段论法可用于辨别形式上的真伪。

> 1. 定言推理：S 是 P（人是会死的）
>
> 2. 假言推理：如果 S，则 P（如果下雨，我就会打伞）
>
> 3. 选言推理：S 是 P 或 Q（我周一到周五不是在家，就是在图书馆）

接下来我来详细介绍上述几种推理方式。

定言三段论，用已知判断未知

定言三段论法是指基于普通命题进行推理的一种推理方式，常以三段的形式来有逻辑地证明某个命题的真伪。

定言推理：S是P（人是会死的）

定言三段论法是最基本的一种三段论法，由三个概念和三个定言命题构成。

我们来看这个例子，"人是会死的。"（大前提）"苏格拉底是人。"（小前提）"那么，苏格拉底是会死的。"（结论）从这个例子出发，我们可以总结出定言三段论法的常用句式为："S是P"（大前提）"A是S"（小前提）"那么，A 是 P"（结论）。S 会出现在前提中，但不会出现在结论中。因此我们把 S 称为"大概念"，把 A 称为"小概念"。

只有在小概念属于大概念的情况下，定言三段论法的逻辑才能成立。比如说，"人是会死的，鲸鱼是人，那么鲸鱼是会死的"这一三段论法就无法成立。因为"鲸鱼"这一小概念不属于"人类"这一大概念。

定言三段论法包括演绎法、归纳法以及辩证法。演绎法是一种实证性的论证法，归纳法是一种解释性的论证法，而辩证法则是一种综合性的论证法。

接下来就详细介绍一下定言三段论法的三种论证法。

演绎法，用事实让对方信服

> 1. 人类的智商比猴子高。（大前提）
>
> 2. 我也是人类。（小前提）
>
> 3. 由此可知，我的智商比猴子高。（结论）

演绎法会采用已经被证实的证据来进行论证，因此可以说是一种实证性的论证法。

我们来看这个例子："人类的智商比猴子高。我也是人类。由此可知，我的智商比猴子高。"这里的"人类的智商比猴子高"这一命题是经过科学证明的，所以我们可以说，这个例子采用的是一种实证性论证法。这里要注意的一点是，只有在小前提属于大前提的范畴时，逻辑才能成立。**也就是说，小前提要成为大前提的充分**

条件，大前提要包括小前提，要成为小前提的必要条件。

　　演绎三段论法多用于与对方讨论或需要说服对方的
场合。

　　讨论的时候可以使用三段论法。如："每一个国民
都有追求幸福的权利。金英秀也是韩国国民。由此可知，
金英秀也有获得幸福的权利。"
　　三段论法会基于已经被证实的事实来进行论证，可
信度很高。

归纳法，用类推促使听众认同

> 1. 根据大韩民国宪法第一条第一项，大韩民国是民主共和国。（第一前提）
>
> 2. 根据大韩民国宪法第二条第二项，大韩民国的主权归国民所有。（第二前提）
>
> 3. 因此被告所说的"国家是权力的中心"这一陈述违背了宪法。（结论）

归纳法是按照"第一前提—第二前提—结论"的顺序来论述的解释性论证方法。

下面这个句子就是利用归纳法类推出结论的实例。"根据大韩民国宪法第一条第一项，大韩民国是民主共和国。根据大韩民国宪法第二条第二项，大韩民国的主权归国民所有。因此被告所说的'国家是权力的中心'这一陈述违背了宪法。"可以看出，这是一种通过两个前提类推出结论的解释性论证方法。

不过归纳法不是一种实证性的论证方式，它不以已被科学证明的事实为基础，而是以前提为基础来类推出结论，因此有可能会出现逻辑错误。

比如说："韩国有兔子，日本也有兔子，由此可知，世界上所有国家都有兔子。"这种陈述方式就是采用了归纳法。但是这样得出的结论可能会更侧重于解释性陈述，导致以偏概全等论证上的错误。

因此若想让话语更有说服力，需要尽可能使条件统一，准备足够的实例前提。

辩证法，妥善处理观点冲突

接下来是"辩证法的逻辑"。

这里我们说的"辩证法的逻辑"，是黑格尔辩证法的基本逻辑——"正反合理论"。

如："人是一种可以表达自己感情的动物。不过有些动物却不能表达自己的感情。由此可知，并不是所有的动物都能表达自己的感情。"

因此，辩证性的三段论法可以说是妥协与合并的论证方法。

> 1.咖啡里含有咖啡因，咖啡因对身体有害。（正）
>
> 2.不过咖啡因也可以为我们的身体注入活力。（反）
>
> 3.由此可知，咖啡对我们的身体是有利也有弊的。（合）

"咖啡里含有咖啡因，咖啡因对身体有害。不过咖啡因也可以为我们的身体注入活力。由此可知，咖啡对我们的身体是有利也有弊的。"此段文字里的"咖啡里含有咖啡因，咖啡因对身体有害"是"正"的部分；"不过咖啡因也可以为我们的身体注入活力"是与"正"相反的描述，因此是"反"的部分；而"由此可知，咖啡对我们的身体是有利也有弊的"则是正反的结合，相当于"合"的部分。

假言三段论，从"如果"展开叙述

假言三段论法是指基于某种假设条件的三段式推理方法。即，是一种设定条件后得出结论的推理方法。因此假言推理与形式逻辑是密不可分的。形式逻辑是指在给出某种条件后，仅通过形式来判断陈述的真伪。假言推理里的条件注重的是形式，而不是内容。因此，我们说假言推理与形式逻辑有着密切的联系。

> 1.如果下雨，我就会打伞。（大前提）
>
> 2.我昨天没打伞。（小前提）
>
> 3.由此可知，昨天没下雨。（结论）

我们仔细分析上面这三句话。

这是最基本的假言三段论法。"如果下雨，我就会打伞。我昨天没打伞。由此可知，昨天没下雨。"这段话的陈述是真是假？

结论是这段话是真的。这段话里的条件句是逆否命题。逆否命题为什么就是对的呢？因为逆否命题是先有条件再有结论，如果没有产生这种结论，那么就不会形成前面的条件。即，如果原因没有发生，那就不会产生结论，否认结论的真实性就等于否认原因的真实性。

因此在假言推理中，条件是非常重要的。假言推理与形式逻辑密不可分，因此我们必须要判断条件的真伪。即，假言推理需要根据条件判断得出的结论是否正确。

灵活判断命题性质，一眼发现对方破绽

假言推理与形式逻辑有着密不可分的关系。为了判断形式的真伪对错，我们会把条件的原命题转换成逆命题、否命题、逆否命题来进行思考。

原命题（p → q）

如果下雨，地面就会湿。

逆命题（q → q）

如果地面是湿的，肯定就是下雨了。（不成立）

否命题（￢p → ￢q）

如果没有下雨，地面就不会湿。（不成立）

> 逆否命题 （¬q → ¬p）
>
> 因为地面没湿，所以肯定没下雨。（成立）

我们来看"如果下雨，地面就会湿"这句话，这里"如果下雨"这一条件是前件，在形式逻辑中我们用"p"来代替。"地面就会湿"则是后件，我们用"q"来代替。假言推理最重要的是要辨别真假对错，因此我们要判断命题从形式上来看是否成立。这时"如果地面是湿的，肯定就是下雨了"是原命题的逆命题，"如果没有下雨，地面就不会湿"是否命题，"因为地面没湿，所以肯定没下雨"是逆否命题。不过三个命题中，只有逆否命题是成立的，其他的都不成立。

上述例句中的逆命题为"如果地面是湿的，肯定就是下雨了"。可是如果下雪的话，地面也有可能是湿的，所以逆命题是不成立的。而否命题为"如果没有下雨，地面就不会湿"。除了不下雨之外，不下雪的时候地面也不会湿，所以否命题也是不成立的。逆否命题是基于原命题的因果关系，对结果进行了否定。否定结果就否定了原因，因此是成立的。

逆命题、否命题、逆否命题也适用于定言三段论法与假言三段论法、选言三段论法与假言三段论法混合使用的情况。如，"63 大厦共有 63 层。如果不是 63 层的话，就不能叫 63 大厦"这句话就是定言三段论法与假言三段论法的结合体。

那我们再来看这个命题："所有的水果都很好吃。香蕉也是水果，所以香蕉也很好吃。"这个定言三段论法能不能成立呢？

"所有的水果都很好吃。"这句话里的"很好吃"代表的并不是一个事实，而是一种价值标准，无法判断真伪对错。即，价值命题陈述的并不是事实而是价值标准，每个人的价值标准都不尽相同，因此很难判断对错。

选言三段论，莫犯表意模糊错误

> 1. 哲秀周末一般不是去图书馆就是去电影院。（大前提）
>
> 2. 上周末哲秀没去图书馆。（小前提）
>
> 3. 由此可知，上周末哲秀去了电影院。（结论）

选言三段论法是基于一个选择性命题的推理方式。如，基于"哲秀周一到周五不是在家就是在图书馆"这一命题，我们可以说"哲秀上周五没在家，由此可知，哲秀上周五在图书馆"，这个推理是正确的。而"哲秀上周六没在家，由此可知，哲秀上周六在图书馆"，这个推理就是错误的。因为"哲秀周一到周五不是在家就是在图书馆"这一命题并没有提到周六，因此周六他也有可能会去别的地方。

如果"哲秀周末一般不是去图书馆就是去电影院"这一命题再加上"哲秀上周末没有去图书馆"这一小前提，那么就可以得到结论："由此可知，上周末哲秀去了电影院。"

如果小前提是"上周末哲秀既没有去图书馆也没有去电影院"，那就会产生逻辑错误。因为大前提里已经明确提到"哲秀周末一般不是去图书馆就是去电影院"，而如果小前提是上面这句话，那么就不属于大前提的范畴，所以会出现逻辑错误。

同理，如果小前提是"上周末哲秀既去了图书馆又去了电影院"，那么这个小前提就脱离了大前提的范畴。因为大前提明确表示"哲秀周末一般不是去图书馆就是去电影院"，所以哲秀一定是做了二选一的选择。而"哲秀既去了图书馆又去了电影院"这一小前提是大前提中两个选项的交集，因此会导致逻辑错误。即，小前提不能是大前提里两个选项的交集。

选言三段论法中除了会出现"小前提不属于大前提的范畴"或"小前提是大前提两个选项的交集"这种错误之外，还有可能出现表意模糊的错误。比如说，"天气或冷或热"这一命题还包括天气既不冷又不热的情况，因此不能作为三段论法的大前提。

即，选言三段论法是一种选择性三段论法，小前提必须是大前提所列选项的其中一个，根据小前提给出的不同选项，结论也会不同。

论证方法综合运用，让对方认同你的表达

逻辑的一个难点就在于要判断其是否符合常理。不过逻辑就像数学，有着明确的公式。如果我们了解逻辑的道理与形式，就会明白其实一点都不难。

我们在考虑逻辑问题时，主要会考虑命题到底是真还是假。命题是一个可以判断真伪的句子，也正因为如此，我们在谈论逻辑问题时，只会涉及事实命题，而不会涉及价值命题，因为每个人对价值的判断标准都不尽相同。

此外，充分条件和必要条件都是在命题为真时才存在的，如果一个命题是价值命题或假命题，那么就不存

在必要条件和充分条件。只有在下位概念满足上位概念时，下位概念才是上位概念的充分条件。同理，只有在上位概念需要下位概念时，上位概念才是下位概念的必要条件。比如说，"床是家具"这一命题中，"床"是充分条件，"家具是床"这一命题中却不存在充分条件。因为家具是床的上位概念，而不是下位概念，上位概念是无法满足下位概念的。

三段论法包括定言三段论法、假言三段论法、选言三段论法。三段论法是最常用的一种推理方法，其特点就在于三段式的逻辑论证结构。其实除了三段论法之外，我们也可以把采用四段式结构、五段式结构的推理方法称为"四段论法""五段论法"。不过最常见的论证结构还是三段论法。

三段论法采用的是最常见的演绎推理法，除此之外还有归纳法、辩证法等比较特殊的推理方法。

需要注意的是，大部分的论证过程采用的是定言三段论法、假言三段论法、选言三段论法这三种方法的混合体，不会仅仅采用一种论证法。此外，逻辑也可以分为内容逻辑与形式逻辑。定言、假言和选言推理都遵循内容逻辑，另外假言推理还可以遵循形式逻辑。

逆命题、否命题、逆否命题注重的是形式逻辑而非内容逻辑，除了否定后件的逆否命题之外，其他的命题都是不成立的。一个真命题的逆否命题也是真命题。有因必有果，反过来，没有结果也就没有原因。我们重新来看这个假言命题"如果下雨，地面就会湿"，下雨是原因，地面湿了是结果。因此这一命题的逆否命题，即"因为地面没湿，所以肯定没下雨"也是真命题。

此外三段论法还可以将定言、假言、选言这三种方法组合在一起，混合使用。比如说："人可以直立行走。哲秀可能是韩国人，也有可能是日本人。但无论如何，因为哲秀是人，所以他也能直立行走。"这就是定言和选言推理混合使用的三段论法。

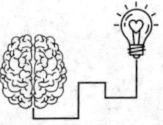

第四章

盘点说话误区，避免误解与冲突

说话没有重点，听众不会跟着你走

如果有人问我："你觉得演讲中最重要的东西是什么？"我一定会说是"核心关键词"。

在对话、演讲或讨论的时候，有了核心关键词，所说的话才算是有了主心骨。

在讨论或对话的时候，我们会在不知不觉间冒出"我刚刚说了什么？"又或是"我刚刚讲到哪儿了？"这样的想法，如果我们带着核心关键词来说话，就能大大降低这种情况发生的概率。

假设在讨论的时候对方问你："有没有针对青年失

业问题的解决方案？"

这个问题的核心关键词是什么？其实就是"青年失业问题的解决方案"。这是问题的关键所在。因此回答的时候，也需要围绕这一核心关键词展开论述。

这里有两个回答，我们一起来看一看。

第一个回答是："是的，我觉得青年失业问题是目前亟须解决的一个问题。政府在制定政策时，也需要重点关注失业问题。为此，政府需要召集各级长官共同探讨失业问题的解决方案。"

第二个回答是："是的，据统计，今年的青年失业率高达 10%，政府和国会需要认识到事态的严重性，及时制定对策。与此同时，政府也需双管齐下，同时解决青年失业问题及创业问题。受经济不景气和工资封顶制的影响，青年的工作岗位越来越少。政府应该从根本上解决青年就业问题和创业问题，而不是仅着眼于暂时性的、表面上的工作，如盲目增加岗位数量等。"

如果你能发现上述两种回答的不同之处，那你就抓住了回答问题的核心关键词。

第一个回答的关键词其实是"失业问题"而不是"青年失业问题"。而第二个回答则是围绕"青年失业问题的解决方案"进行了表述。对于听众来说，第二种回答更有说服力。

对话也是同理。

假设某个对话的主题是"环境污染问题"，A 说"相比于肉菜，我更喜欢素菜"，B 说"接下来我将介绍国民对环境污染问题的认识程度，以及我们在日常生活中该怎么做才能缓解环境污染问题"。如果你是听众，你会更倾向于相信谁说的话呢？

综上所述，核心关键词是话语的根基与骨干。围绕核心关键词来构建故事结构，可以让论点更有说服力。

毫无根据的反驳，引起对方反感

我们在对话或讨论的时候，最容易犯的一个错误，就是在毫无根据的情况下反驳对方。

假设我们以"崩溃的中产阶级"为主题展开讨论，当对方说"中产阶层越来越多"的时候，我们不能仅用"我不同意这种看法，目前首尔的中产阶级正在没落，我们不能说中产阶层越来越多"来反驳对方，因为这只是个人的主观看法。如果要把这种主张转变为论证，就需要在反驳时陈述具体的根据，即拿出准确的统计数据来说话。这样才能提高论证的说服力。

我们可以换成下面这种表达方式："中产阶层是指

每月税前收入为350万韩元以上的家庭。去年的统计结果显示，首尔有70%的家庭属于中产阶层。不过从全国范围来看，只有58%的家庭属于中产阶层。五年前这一统计结果为65%。去年的统计相较五年前的数据有所下降。"

只有指明了参考依据的具体出处，才能提高论述的说服力。《讨论100分钟》节目里就有人在没有任何根据的情况下，把自己的个人主张当成事实表述出来。这也说明韩国的讨论节目还有很多不成熟的地方。说话没有根据，不仅会让对方失去对你的信任，而且也不能起到反驳对方的作用。

因此我们在平时也要多多练习，不仅说话要有依有据，而且还要用事实依据来说服对方。

表达偏离主题，使双方陷入思维混乱

我们在与人对话或发表的时候，经常会说着说着就跑题了，这是最常见的一种错误。比如说，明明在做"自我介绍"，最后却以"金钱"相关的故事结尾；原本是在谈论"幸福"这个主题，最后却以"不幸"来结尾。这类跑题的错误就是虎头蛇尾，开头波澜壮阔，结尾却风平浪静。

我以前听过一个以"人生中最大的错误"为主题的讲座，讲者一开始说起了自己几年前经历过的一件事，说他坐地铁的时候遇到了一个心仪的女孩。当时听众都被他的故事吸引了，都在专注听他讲故事。可这时他却说自己坐错了地铁，于是就下来了。最后故事变成了"坐错地铁的二三事"，这明显偏离了讲者的主题。

这种说话跑题跑出十万八千里的现象，就是一般对话或讨论里最容易犯的一种错误。那么我们为什么会犯这种错误呢？其原因就是我们没有抓住"核心"。我们要讲述的故事就像一条河流，可是我们在说话的过程中，可能会产生"支流"，即脱离原河流的分支，这时原来河流的力量就会减弱。

即，当我们的话语脱离核心的时候，其他的想法就会涌进脑海里。也就是说，"抓住核心，再往这个核心里添枝加叶"与"脱离核心，开始说新的话题"之间的差异就在于，有没有抓住上文提到的"河流"。

比如说，如果我们要做"自我介绍"，那么核心关键词就是与自己有关的事物，这时要说的内容就要以自己为中心。自我介绍的核心关键词包括我的价值观、我的优缺点、我的家人、我的朋友等等。如果一个人在自我介绍的时候，突然说起了"养宠物狗""开车兜风"，听众会觉得他说的内容很混乱，讲者也会陷入"我到底在说些什么啊"的自我混乱中。

因此我们在说话的时候，**一定要记住抓住"核心关键词"，不要让话题跑到十万八千里之外。**

前提错误，上来就让听众失去兴趣

我以前听说过这样一句话："人死后会投胎转世，因此我们在世的时候不能作恶。如果在世的时候坏事做尽，下辈子投胎就会受苦。"

笔者没有任何想诋毁哪个宗教的意思，希望大家不要误会。不过上面这句话里提到的"人死后会投胎转世"虽然看上去很有逻辑，但却是一个典型的前提错误。因为目前还没有人证明"投胎转世"的真实性。

我们经常会在广告宣传或营销中看到前提错误。

我曾经就看到过这样一条广告语："众所周知，德国产品在每个行业都是佼佼者，因此可以放心使用。"针对这句广告语，我们可以提出这样一个问题："德国产品真的在每个行业都是佼佼者吗？"我们知道，德国车或德国工具确实是行业的佼佼者，可并不是所有的德国产品都是相关行业的佼佼者。因此上面这句话中的"德国产品在每个行业都是佼佼者"这一前提就是不正确的。

那你可能会问，会有 100% 正确的前提吗？就比如说，"人终有一死"这个前提是正确的吗？根据目前的医学和科学研究结果，我可以回答你，这个前提是正确的。不过未来随着医学越来越发达，如果有人研发出了长生不老的新药，到那时"人可能不会死"这一前提可能就会是正确的。不过目前的医学研究结果显示"所有人都会死"，因此我们可以说，这一前提是正确的。

"我男朋友很帅，无论从哪个角度来看都很帅，所以我男朋友是世界上最帅的美男子。"这句话是某个人的个人看法，听上去好像没有问题。但是"男朋友很帅"这一表述是一个极其主观的价值命题，因此不能称作是一个正确的前提。

即，由于每个人的标准都不一样，所以价值命题或个人看法不能算是正确的前提。如果前提不正确，那么说明或论证都会失去说服力。因此我们需要时刻注意自己给出的前提是否正确。

事实错误，无法让对方信服

有人经常会把错误的事实当成正确的事实来讲述。

比如说："食用海鲜有助于减肥，因为海鲜中富含膳食纤维'果胶'，容易让人有饱腹感。经常食用海鲜，会让人一直有种饱腹感，因此食用海鲜有助于减肥。"这句话虽然看上去很有逻辑，可它违背了事实。这就是一种事实错误。

"多吃蔬菜就不用担心会增肥。蔬菜中含有丰富的膳食纤维'果胶'，在食用正餐前吃蔬菜，不用担心会增肥。在正餐前吃香蕉的话，效果更佳。若你无法保证仅摄取一定量的食物，那你可以先吃一根香蕉。香蕉中含有丰富的膳食纤维'果胶'，会让你有饱腹感，从而避免暴饮暴食。此外，香蕉中还含有丰富的钙元素，有助于帮助人体排出钠元素，减轻身体的浮肿症状。"这才是正确的事实。

错误的事实会让听众陷入混乱，其信服力也将大打折扣。

就算逻辑很清晰，但如果讲述内容时引用的事实不正确，论述的信服力也会降低。因此讲者在演讲前，要先确认自己要讲述的内容是否属实。这样才能让内容更具说服力。

太过情绪化，话语会失去逻辑

我们在看讨论会或《讨论 100 分钟》这种节目的时候，会发现很多人在听完对方的观点后，容易带上情绪来发表自己的观点。

如果讲者说话太过情绪化，那他的逻辑就会很混乱。从医学的角度出发，当一个人处于兴奋状态时，如果有人用话语或行动来刺激他，那他就会揪住对方不放。人体在应激或紧张时，肾上腺素的分泌会增多。

人体分泌肾上腺素是一种自我保护机制，会激发人体攻击对方。说话太过情绪化，会让讲话内容没有核心论点，不够客观理性。

人在兴奋状态下会嘲讽对方，或用很情绪化的语气表达自己的观点，而不会引用客观事实依据来让自己的话语更有逻辑。

而兴奋的原因，是自己的逻辑说不通或过于情绪化。在对方发表观点后，若回击时过于情绪化，那自己的内容就会失去核心。最终会陷入主观情绪的陷阱，无法客观地表述论点。

因此，说话过于情绪化会严重影响讨论的效果，使话语失去逻辑。

如果你想说话有逻辑，就要弄清楚情绪化带来的危害，尽可能保持理性、客观的态度，这样才能更有说服力。因此我们在面对容易情绪化的状态时，不能兴奋冲动，而是要保持客观的态度参与主持或讨论。韩国著名主持人孙石熙就是做到了这一点的一个典型代表人物。观看他参与讨论的过程，可以发现，他不会因自身情绪产生动摇，而是会做出客观理性的判断。在抓住核心内容的同时，还要保持论点的前后一致，有逻辑地开展论述。他的讨论内容也因此变得更有说服力。

综上所述，我们需要保持客观的态度，不能感情用事，而是要引用事实依据来表达自己的观点，这样才能更有说服力。

只表达不沟通，不会赢得对方尊重

在与人讨论或对话的时候，经常会出现无法区分某个表述到底是论证还是意见的情况。个人意见并不是逻辑清晰的证明。逻辑清晰的证明经常与客观性资料、事实依据同时出现。

意见是我们对某个对象的想法，而主张则是坚定表达自己的意见。赘述本人的主张会产生两个问题。

首先，赘述本人的主张意味着没有认真听取对方的观点。如果你认真倾听了对方的陈述，那你就会对自己认同的内容表示赞同，之后才会提出自己的意见。因此仅赘述自己的观点，就等于你没有认真倾听对方的陈述内容。

其次，赘述本人的主张意味着不尊重对方。

在与人讨论或对话的时候，需要注意的一个要素就是"沟通"。沟通是指人与人之间的相互作用，而只知道罗列本人主张的那种人，就是不懂得如何与人沟通的人。对话或讨论中如果缺乏沟通，那对话双方就只会一味地陈述自己的意见或主张，整个对话就没有交集，只剩下双方观点的罗列。

比如说，在讨论的过程中有人会这么说："我认为你的说法是错误的。学生的意见是很重要，我们也需要尊重学生的权利，可是这能建立在打破教师权威的基础上吗？有老师才能有学生。老话说，为学莫重于尊师。可现在的学生对待老师不知道有多无礼！"

这里讲者因为教师权威尽失而内心非常郁闷，表达了一段为教师鸣不平的观点。我们当然可以发表自己的意见和见解，不过如果这种意见和见解仅仅是个人的主张，没有任何客观论据支撑，那就会失去说服力。上面这段话中"有老师才有学生"这一主张的逻辑过于跳跃。

即，对方的核心论点是"我们要尊重学生的权利"，而上面这段话只是感情色彩浓重的个人意见，不能算是对对方观点的有力反驳。

因此从说话有逻辑的角度来看，仅赘述自己的观点会使说话内容失去说服力。

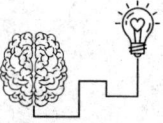

第五章

总结说服方法，完善说话技巧

三种说服方法，让对方更加信任你

首先我们需要了解说服与协商、妥协的区别。

说服是指让对方的话语和行动都遵循自己的意见。与之相反，协商的目的在于获取利益，有时候需要做出让步，向对方提出意见。而妥协是指双方互相做出让步，以更好地达成一致。

说服他人的时候，我们可以用逻辑清晰、条理分明的话语让对方接受自己的意见，也可以通过感性刺激从心底里打动对方。即，从理性和感性两方面打动对方，才是最有效的说服方式。

1. 理性说服。

2. 感性说服。

3. 理性与感性并用的双重说服。

首先，理性说服是指条理分明地向对方说明某个内容，帮助对方理解。比方说在项目说明会上，我们可以采用各种各样的统计数据与实际资料来说明"为什么要做这个项目""这个项目的收益如何"来说服对方。

若想理性地说服对方，我们就要对自己所说的内容非常熟悉，同时还要沉着冷静地为对方梳理说明，帮助对方理解。一般情况下，我们是甲方，即我们拥有更多的相关知识，会有条理、有逻辑地讲述内容。不过有时候也需要和对方站在同一个高度，或者以乙方的姿态来讲述内容。

感性说服是指用行动来打动对方的说服方法。比如说，我们在卖东西的时候，可以用肢体语言和煽情的话语来告诉对方为什么要买这个东西。一般来说，我们自己处于乙方，或与对方站在同一高度时，经常会使用感性说服方法来打动对方。不过就算我们是甲方，也可以采用感性说服的方式来打动对方。

那么我们说的甲方、乙方，即有利条件和不利条件到底是什么呢？

1. 说服他人时的有利条件。
2. 说服他人时的不利条件。

首先，我们说的有利条件，是指我们自己在说服他人的时候，比对方懂得更多、站得更高、能力更强，又或是对方愿意倾听我们说的话。

在这种情况下，我们可以通过话语和行动两种方式同时实现理性说服与感性说服，提高说服的成功率。

不过如果我们遇到的都是不利条件，那就很难说服成功。

我们说的不利条件，是指我们在说服他人的时候，懂的不如对方多，能力也比不过对方，又或是我们自己处于兴奋或紧迫的状态，还有就是对方不愿意倾听我们说的话。

这种时候最重要的是根据对方的反应，灵活采用理性说服和感性说服的方式来说服对方。

即，我们要根据对方的反应，灵活地调整感性和理性说服的使用时间。在需要采用感性说服方式的时候，采用感性说服的方式；在需要采用理性说服方式的时候，采取理性说服的方式。根据不同的状况及对方的反应进行说服，就能提高成功率。

讲究逻辑依据，从理性角度说服听众

理性说服意味着"有结构"地向对方展示自己的意见。

这里的理性说服有两层意思：首先是要保持前后一致；其次是要采用具体的逻辑论证方法。具体的逻辑论证方法包括比较、对比、举例、类推、因果关系等。

首先我们来看保持前后一致，意思是指内容要保持一致。比如说，我们在论述戒烟的重要性时，突然提到香烟的出口国，这就是前后不一致。又比如说，我们在说体罚是错误的时候，突然提起因体罚导致的教师权威尽失现象，这也是前后不一致。

上述这些前后不一致的内容，很难让听众信服。当一个演讲的核心内容前后不一致时，听众会觉得很混乱，会对演讲的内容产生怀疑。

其次是具体的逻辑论证方法。这些论证方法能让论述内容更有说服力。

比如说，在汽车 4S 店里，当顾客提问"这辆车怎么就值 2000 万韩币呢？"的时候，销售人员可以这样给顾客解释："咱们首先来看这辆车的油耗，在排量同为 2000 cc 的车型中，这辆车的油耗是最低的，1 L 油可供行驶 25 km。在这种情况下，一个月可以省下 2 万韩币的加油费，一年就可以省下 24 万韩币。接下来我们来看这辆车搭载的技术。这辆车的设计在韩国国内的汽车展上荣获第一名，其引擎和设计也得到了来自欧洲 B 公司与 M 公司的好评。值得注意的是，这辆车采用的是混合引擎。也就是说，这辆车可以使用电力发动引擎，具有很强的经济性。"

上面这个例子采用的就是比较和举例的论证方法。

即，通过比较和举例给对方带来一个"有结构"的解释说明。

此外，做 PPT 演讲的时候也是同理。

演讲者在推销商品 A 时，可以采取这样的话术："目前商品 B 的销售额与商品 A 的销售额虽然相差不多，但商品 B 易碎易坏，这引发了许多消费者的不满。商品 B 在第三季度的销售额也因此减少了 20%。而我们的商品 A 最大的特征就是坚固。我们以商品 A 为对象，进行了 3 米高空坠落实验，结果没有发生任何破损现象。"

上面这个例子采用的就是比较、因果关系、举例的论证方法，通过采用这些方法完成了有逻辑的讲述。由此可知，采取具体的逻辑论证方法有助于让对方认同自己，从而达成共识。

理性说服的另一个重点是要基于"事实依据"来论证。

如果你想让对方相信你讲述的内容，那这个内容本身就得有很高的可信度。这里的可信度是指根据科学统计得出的事实依据所拥有的特性。

比如说，在以"疾病"为主题做演讲时，我们不能说"据我所知，人们最惧怕的疾病是癌症"或"我认为人们最惧怕癌症"，而是要以事实依据为基础，来获取听众的信赖。如："据人寿保险公司的统计，成人最惧怕的疾病是癌症（59.1%），其次分别是高血压（6.9%）和关节炎（4.0%）。癌症所占的比例远高于高血压和关节炎。"

另外一种理性说服的方式就是论证。论证是指有逻辑地进行证明的说服方式。即通过"演绎法""归纳法""辩证法"来有逻辑地进行证明。

演绎法是先提出结论，后进行逻辑论证，这里的结论必须是已被证实的事实。比如说："在民主主义制度下，每个人的机会都是均等的。韩国也是一个民主主义国家，因此需要给每个国民提供平等的机会。"

由于演绎法是将已被证实的事实作为结论，因此其可信度是极高的。不过如果小前提没有包括在一开始提出的大前提中，那论证就会出现逻辑错误。比如说，"在民主主义制度下，每个人的机会都是均等的。因此我们需要给朝鲜一个平等的机会"。这里由于朝鲜不追求民主主义制度，因此不符合民主主义制度这一大前提，所以就出现了逻辑错误。

而归纳法却与之相反。简单来说，归纳法是说明性推理的论证方法。

即，类似"韩国有大雁，日本也有大雁。因此我们可以说，世界各国都有大雁"的这种推理方式。

归纳法是基于第一前提和第二前提来推理结论，因此很有可能会出现逻辑跳跃或以偏概全的错误。

由此可见，理性说服是用条理清晰、逻辑分明的谈话内容，从理性的角度出发来打动对方。

但是这种理性说服如果不基于事实依据，出现了逻辑错误或前后矛盾的情况，就无法打动对方。因此理性说服对方时需要避免犯这类错误。

态度自信真诚，用非语言要素打动对方

真诚地说服对方，是指用非语言的其他要素来感染对方，如情绪、表情、态度、眼神、声音、手势等等。

我们在说服对方的时候，只能从理性的角度出发吗？其实不然。实际上大多数时候，我们会用感性要素来打动对方。

比如说，在面试的时候，有逻辑地回答面试官的问题固然能给面试官留下很好的印象，但实际上面试官主要看的是"面试态度"。

这里的面试态度就是指非语言的说服方式，即感性说服。

再比如说，如果要做"投资说明会"的演讲，演讲者需要向投资者有逻辑地说明：这个项目为什么需要投资？这个项目的收益如何？投资回报率大概为多少？

除了上述的理性说服之外，还可以采用感性说服的方式。这里的感性说服，是指真诚对待投资者的态度、眼神以及声音，说话语音语调的强弱，手势的轻重缓急，等等。

演讲者对自己的演讲内容充满自信，投资者自然也会对演讲者产生信赖，演讲者真诚的态度和声音也会让投资者觉得安心。

对话也是同理。

假设对话中有个人一直坚持自己的观点，却不听取其他人的意见。这时，如果有人忍不住出来对那个人说："你怎么只知道坚持自己的观点？你的观点固然重要，但你也要尊重他人的意见。只想让别人尊重你，自己却无视别人，这不是前后矛盾吗？"

这个人说的话前后一致，话里既有核心内容又有具体示例，能够充分说服对方。

但是说这种话也需要注意现场的气氛。

因为从那个固执己见的人的角度来看，不管别人说话如何有逻辑，他自己都会觉得伤自尊，反而会产生反感。

因此在感性说服对方的时候，首先要向对方微笑，心平气和地跟对方说："我很理解你的立场，我自己有时候也会这样。不过我希望我们能走得更近。老实说，别人可能会因为你的话感到难过。虽然你没有这种意图，但有些人会觉得你是在无视他们。"

这里的感性要素就包括"真诚的眼神""真实的态度和声音"等等。

向异性示好的时候也是如此。

虽说在告白或求婚的时候，准备了何种文案是非常重要的，但更重要的是说话时的眼神、嗓音以及表情。真诚的眼神、有磁性的嗓音、真挚的表情更会让人感动。

这是因为，有逻辑地用话语说服对方，可能会让对方在理性的角度上产生共鸣，但却无法真正从心底里打动对方。

因此，感性说服与理性说服一样重要。即，理性说服的方式可以让对方理性地接受话语内容，而非语言要素的感性说服则是让对方打从心底里认同话语内容。

我们说的感性说服，不是情绪上的冲动。即，感性说服是指真诚地陈述话语内容，而不是情绪化的冲动表达。一时间的冲动情绪会让话语失去说服力，难以打动对方。因此在讨论的时候，我们要避免情绪上的冲动，沉着冷静地开展论述，真诚地陈述论据，这样才能提高话语的说服力。

说服方法综合运用，让表达有理有据

说服他人的时候需要考虑的一点就是要打破对方的戒备。我们把人体维持在某个稳定的状态称为"稳态"，而让人体保持稳态的人体系统就是植物性神经系统。植物性神经包括交感神经和副交感神经。交感神经会让人紧张兴奋，进而实现自我防御；而副交感神经则会让人沉着淡定，进而恢复至原来的状态。

每个人都有适合自己的最佳节奏，而这个节奏就是副交感神经和交感神经在维持一定的状态时产生的，如同交响乐团演奏出的交响乐曲一般。

交感神经可以让人产生积极情绪和消极情绪。在分泌让人激动或兴奋的多巴胺时，人体会产生积极情绪；
而在遇到攻击或进行自我防护时，人体会分泌肾上腺素，
这时会产生消极情绪。

　　副交感神经也会让人产生两种不同的感觉。积极的
副交感神经会分泌乙酰胆碱，在分泌乙酰胆碱的同时呼
气，人体能得到放松。而消极的副交感神经会分泌皮质
醇，在分泌皮质醇的同时呼气，人体会觉得疲惫忧郁。

　　因此要想说服他人，就要先安抚对方处于攻击戒备
状态的交感神经，刺激积极交感神经分泌多巴胺；同时
还要刺激副交感神经分泌乙酰胆碱，让人体得到放松，
这样人体就会呈现出"稳态"。

　　即，善于说服他人的人善于安抚对方紧张的交感神
经，刺激对方的积极交感神经和副交感神经。

　　从生理上来说，我们将人体维持某个稳定的状态称
为"稳态"，而在心理学中我们称其为"自尊"。

在说服他人的时候，最重要的就是要尊重对方，慢慢说服。即通过与对方产生共鸣，同时用一些温柔的手势和话语来说服，才能让对方放松戒备，不会觉得伤自尊。这样一来，对方也就会在不知不觉中被说服。

假设有一个高三考生想说服父母让自己读美术专业。首先，如果父母本来就对美术专业有个好印象的话，就很好说服。这样的话，父母就会支持考生学美术专业，至少不会持反对意见，说服起来也比较容易。

如果父母坚决反对考生读美术专业的话，会怎么样呢？父母的反对会成为说服的不利条件。

面对父母的反对意见，考生不能慌了阵脚，要沉着冷静地向父母解释"为什么"只能选择读美术专业。比如说，可以向父母说明美术专业的前景、自己的个人能力、未来攻读美术专业的学习规划等，逻辑分明地解释为什么要选美术专业，这样就能从理性的角度来说服父母。

不过除了理性说服之外，还要注意说服父母时的场合与气氛。在父母很忙或很累的时候，最好不要去尝试说服他们，因为很有可能会失败。在理性说服他人的同时，我们要用感性说服来打动对方。感性说服能够让对方放松戒备，为我们提供机会，将自己的意见灌输给对方。

因此我们要创造出有利于说服他人的气氛，这样才能更好地阐述自己的意见。可如果对方仍然不接受我们的意见该怎么办呢？这时我们除了采取理性的说服方式，还要采取感性的说服方式，即要使用非语言的方法。这里的非语言说服就是指用真诚的眼神、声音和手势来打动对方。

我们经常会说："你再说下去我就要心软了。"这就意味着我们的内心正在动摇。

也就是说，我们在理性说服对方的同时，还要让对话持续下去，用真诚的语气，真情实感地阐述意见。

比如说，考生可以这样理性说服父母："我为什么只能读美术专业呢？首先，我非常喜欢美术，而且我相信我能学好美术。美术专业的前景很不错，等到我毕业的时候，美术产业会很发达，到那时我就可以靠美术养活自己。"与此同时，从感性的角度出发，考生要边说边真诚地望向父母，发自内心地恳求，这样才能获得双倍的效果。

Tip

1. 遇事沉着，保持冷静。
2. 逻辑分明地解释"为什么"这一问题。
3. 选择恰当的时机，用理性加感性的方式进行双重说服，打动对方。

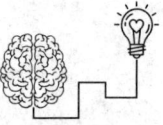

第六章

明确话语主旨，综合提升表达方式

明确说话论点，突出核心内容

论点是指话语和文章的主旨。如果话语或文章的论点不明确的话，听众或读者便无法理解，这样主旨也无法明确。

我们来看下面这段话：

"过节的时候肯定会比平常吃得要多。过节的时候会吃很多煎饼、油炸食物和烤串等油分很多的食物。摄取太多含油量高的食物会导致消化不良、肠胃不适、便秘等，甚至还有可能成为过节症候群的原因，引发夫妻间的争吵。"

首先，这段话的结尾与开头、正文的内容前后不一致。原本是在说饮食与健康的问题，最后却转到了夫妻吵架的问题上，这个转折是非常不自然的。其次，第二句"过节的时候……"之前可以加上连接词，使句子更加通顺自然。

为了让文章的论点更明确，上面这段话可以做如下修改：

"过节的时候肯定会比平常吃得要多。比如说，过节的时候会吃很多煎饼、油炸食物和烤串等油分很多的食物。摄取太多含油量高的食物会导致消化不良、肠胃不适、便秘等。因此在过节期间，我们不应该吃太多，而是应该考虑到身体健康，摄取适量的食物。"

我们再来看下面这段话：

"愤怒调节障碍症，准确来说是'间歇性爆发性障碍'。其症状为身体不受控制地发生狂暴行为，间歇性反复。这类狂暴行为具有破坏性、冲动性、暴力性。愤怒调节障碍症是需要我们一起来解决的社会性问题。"

上面这段话的开头和正文、结论所阐述的内容前后不一致。由愤怒调节障碍症转而提到社会问题，是非常具有跳跃性的。如果结尾想强调社会责任，那么在开头或正文中就需要说明愤怒调节障碍症的原因，并指出愤怒调节障碍症是一个社会问题。

为了让文章的论点更明确，上面这段话可以做如下修改：

"愤怒调节障碍症，准确来说是'间歇性爆发性障碍'。其症状为身体不受控制地发生狂暴行为，间歇性反复。这类狂暴行为具有破坏性、冲动性、暴力性。愤怒调节障碍症多发于 10~20 多岁的人群，日趋激烈的就业竞争可以说是其主要诱因。因此愤怒调节障碍症是需要我们一起来解决的社会性问题。"

如上所述，我们在有逻辑地进行论证时，最基本、最重要的就是要明确话语的主旨，如果主旨不够明确，那么话语就会缺少核心内容，自然就会失去说服力。

讲述普遍性事实，让观点表达更清晰

"事实"一词的词典释义为已经发生过的事，或现在正在发生的事。事实又分为两种：一种是特定事实，一种是普遍性事实。首先，特定事实是指发生在某个人身上的具体事实。比如说，"几天前我去了一趟釜山，看到了好几座高楼大厦"这句话里"在釜山看到的高楼大厦"是我自己看到的建筑，因此可以说是特定事实。

与之相反，普遍性事实就是指大家都知道的事实。比如说："韩国没有野生鳄鱼。"这就是一个大家都知道的、已经被证实的事实。正因为"韩国没有野生鳄鱼"是一个已经被证明的事实，所以我们可以把这一陈述当作是普遍性事实。

那么为什么普遍性事实这么重要呢？特定事实，是一个非常私人的、有局限性的事实，并不能引发他人的共鸣。也就是说，特定事实的真伪其实不重要，重要的是能否让人们产生共鸣，能否被证明。因为事实是以实际发生过的事情为前提，可以是"真"的，但可能不是被证实的普遍性事实。

我们在有逻辑地进行论证时，最重要的是要让对方信服，话语必须有说服力。而特定事实很难引发对方的共鸣，也很难说服对方。

不过，普遍性事实也并不都是绝对正确的。上面这段话里虽说"韩国没有野生鳄鱼"，但日后若有人发现韩国也有野生鳄鱼栖息，那么上面这句话就是错误的，就不能作为事实来引用。

但是，如果我们用这种标准评判所有的普遍性事实的话，那么我们在说话的时候就会受到很多限制。因此普遍性事实作为可容忍范围内的事实，是可以使用的。

总而言之，特定事实虽然是事实，但缺乏客观性，因此没有说服力；而普遍性事实虽然不是绝对性事实，但却是客观事实，而且是在可容忍范围内的事实，因此拥有较强的说服力。

　　所以为了提高话语的说服力，我们需要引用普遍性事实而非特定事实。

规避逻辑错误，不让对方挑出毛病

前面我们提到过错误的类型。

在讨论的时候，我们难以说服他人，主要是因为犯了"逻辑错误"。典型的两种逻辑错误就是"普遍性错误"及"比喻错误"。

普遍性错误可以看下面这个例子："当今韩国社会中生活着许多不幸的人们。我不幸福，我朋友金胜镐也不幸福，邻居家的大婶也整天叹气。因此我们可以说，韩国社会是不幸的缩影。"

上面这段话仅凭"我""朋友"和"邻居大婶"过得不幸，就断定整个韩国社会都处于不幸之中，其逻辑是非常跳跃的。

而我们在讨论的时候，尤其容易犯"以偏概全"的普遍性错误。有时候说话者会把自己的经验当作是事实的全部来讲述，甚至还会把本人的事例当成是公认的事实。以偏概全的普遍性错误是最容易犯的逻辑错误，需要多加注意。

第二个常犯的逻辑错误就是比喻错误。

我们来看这个比喻："朋友越老越好，美酒越久越香。"由于朋友和美酒有一个相同点，那就是"越久越好"，可以说这是一个非常恰当的比喻。

我们再来看看下面这个句子：

"人和旅行都有生命力。"

上面这句话，说话者为了让话语更生动，使用了一个比喻。但"旅行和生命力"这一搭配是不合适的。即，人和旅行的共同点不在于生命力，因此这个比喻其实是不成立的，那么说话者用这个比喻也无法说服对方。

如上所述，在说话的时候如果犯错的话，话语就会失去说服力，因此需要特别注意不能犯错。

分辨意见和论证，促进有效交流

意见是指针对某件事物的想法，而论证则是以事实为依据来辨别对错。

有时我们在看讨论节目时，会看到很多混淆意见和论证的情况。意见是指个人的想法或见解，仅靠自己的意见是无法说服他人的。

假设有人说："我觉得韩国有很多社会问题。" 就算这个说法是事实，但由于没有任何论据支撑，还是无法说服他人。

但我们在说话的时候不可能时时刻刻都引用论据。

我们在类推或推测出某个结论时，会经常加入个人的意见或见解。由于个人意见属于没有被证实的内容，因此最好是少用。

为了提高话语的说服力，上面这段话可以修改为"受青年失业、就业问题及社会福利不足问题的影响，韩国的社会问题也越来越多样化"。

"我觉得韩国有很多社会问题"这句话加上"青年失业、就业以及福利问题"等具体依据后，变得更有说服力了。

但是，有很多人会把个人的意见和见解当成是论证的一部分来讲述。有时甚至在讨论现场也会看到有人犯这类错误。不过我们也要承认，在必要的时候，我们要表达自己的意见和见解。表达自己的想法并不是件坏事，需要注意的一点是，不能把自己的意见当成是已经被证实的事实来进行论证。

因此我们在与人讨论的时候，需要对意见和论证做出区分。意见和见解是个别的、个人的看法，不足以说服他人，以逻辑为基础的论证才能提高话语的说服力。

说话要有依据，保持逻辑连贯

首先我们来看下面这段话：

"晚睡的人比早起的人智商高。晚睡的人对事物充满了好奇心，乐于追求新事物，因此晚睡的人比早起的人智商高。由此可知，我们不能只喜欢早起的人。"

这句话大体上来说是符合逻辑的，引用了具体依据来说明为什么晚睡的人比早起的人智商更高。不过这句话里还是缺乏"专业见解"，让人难以信服。如果把自己的想法用更普遍的常识或专业见解来代替的话，就能提高话语的说服力。

为了让话语更有逻辑，我们可以把上面这段话做如下修改：

"伦敦政治经济学院的研究结果显示，晚睡的人比早起的人智商高。伦敦政治经济学院的研究人员认为，人们常用早晨作为一个时间基准。从进化论的角度来看，'夜猫子'喜欢追求新事物，能够进行高度复合的认知活动。因此我们不能只喜欢早起的人。"

我们再来看下面这段话：

"母乳喂养的婴儿比吃奶粉的婴儿IQ（智商）更高。由此可知，母乳会给孩子的智商带来很大的影响。"

这段话看上去好像并不矛盾。但仔细分析我们可以发现，这段话的结论是缺乏依据的。

我们把这段话做如下修改：

"根据巴西某研究团队以出生于 1982 年的 3500 位巴西民众为对象进行的调查结果，在调查对象到了 30 岁的时候，与喝母乳少于一个月的对象群体相比，喝母乳超过一年以上的对象群体 IQ 高出了 4 个百分点。就算除去父母的学历、收入水平、母亲的生育年龄等因素的影响，还是能得出'母乳喂养的时间越长，IQ 就越高'这一结论。"

保证前提正确，论证更加充分

前提是什么？

当我们以某个命题为依据，推导出另一个命题的时候，被当作为依据的命题就是前提。

但在与人讨论或说服他人时，经常会出现由于前提错误导致说服力不足的情况。

就比如下面这段话：

"每个人都喜欢吃肉。就拿韩国来说，韩国几乎没有人不喜欢吃肉，也就是说大家都喜欢吃肉。我们可以把肉做成炒肉、炖肉、菜包肉等菜品。"

上面这段话内容上是连贯的，但需要注意的一点就是前提错误。前提如果不够全面，就会得出非常片面的结论。"每个人都喜欢吃肉"，这句话乍一看好像是对的，但仔细一想，这个世上还是有人不喜欢吃肉的，所以我们说这个前提是错误的。因此，这个命题犯了以偏概全的普遍性错误，是没有逻辑的。

为了避免逻辑错误，我们可以对这段话做如下修改：

"我们可以用肉做出各种各样的菜品，如炒肉、炖肉、菜包肉等等。虽说并不是所有人都喜欢吃肉，但喜欢吃肉的人可以享受到多种多样的肉类菜品。"

我们再来看这段话：

"半身浴有害健康。老人以及心脏或血管有问题的人尤其不宜进行半身浴。如果长时间浸泡在热水中洗半身浴的话，血管会反复进行舒张和收缩的动作，可能会导致心绞痛，加速心血管疾病患者的病情恶化。"

上面这段话乍一看可能会觉得没有逻辑错误，因为是有依据的个人看法。不过仔细分析就会发现，这段话里还是有很严重的逻辑错误。

对于身体状态欠佳的老人来说，长时间的半身浴有可能是有害的，因为有可能会引发心血管疾病。但适当的半身浴是有益于身体健康的，因此"半身浴对健康有害"这一前提是不正确的。

调整思维节奏，避免逻辑跳跃

我们在论证的时候，如果思维或逻辑太过跳跃，话语就会没有说服力。我们在观看讨论节目的时候，经常可以看到逻辑跳跃的现象。逻辑太过跳跃就会出现不合常理的表述，很难引发共鸣。因此在论证的时候，要避免出现不合乎常理的逻辑跳跃。

我们举个例子来说明逻辑跳跃的现象：

"幸福的最基本要素是什么？答案是健康。不管再怎么有钱、再怎么有名、别人再怎么爱你，身体要是不健康就都无福消受。因此我们要好好锻炼身体。"

这段话的内容看上去很有逻辑，但仔细分析我们会发现里面还是有逻辑错误。这段话认为幸福的最基本要素是健康，实际上并非如此。有的人身体非常健康，却可能会因为没钱而非常不幸，还有可能会因为身边没有人陪伴，非常孤单而觉得不幸。这就是典型的逻辑跳跃现象。

为了避免出现逻辑跳跃的错误，可以将这段话做如下修改：

"幸福的最基本要素是什么？答案可以是金钱、名誉、爱人、健康等等。其中健康又是极为重要的一个要素。不管再怎么有钱、再怎么有名、别人再怎么爱你，身体要是不健康就都无福消受。因此我们要好好锻炼身体。"

我们再来看下面这段话：

"每个人都有着不同的人格色彩，对同一件事也会有不同的见解，因此让所有人散发出同种色彩，让所有人都持有同样见解的做法是错误的。正如彩虹是由七种不同颜色汇聚而成的，交响乐曲也是由多种乐器同台演奏混合而成的。同理，我们也要尊重其他人的不同意见。"

这段话乍一看采用了举例与比喻的手法，针对"不同的人有着不同的见解"这一问题做出了论证，但其实仔细分析可以发现这里的比喻用得并不恰当。彩虹有多种颜色，这与每个人有不同的见解是相同的，但彩虹的多种颜色更侧重的是美感，并非颜色的多样性，因此彩虹的颜色与人的见解从本质上来说是不一样的。而交响乐团则是强调多人合作，所以这个比喻不成立。

为了符合逻辑，这段话可以做如下修改：

"每个人都有着不同的人格色彩，对同一件事也会有不同的见解，因此让所有人散发出同种色彩，让所有人都持有同样见解的做法是错误的。从民主主义的角度来看，让所有人都持同样见解，违背了民主主义认同多样性的宗旨。从国外的事例中，我们也可以知道认同多样性有多么重要。作为民主主义的代表国家，× 国就拥有着成熟的市民意识与民主主义制度，允许不同的声音和见解存在。因此要打造成熟的民主主义系统，最重要的是要认可并尊重不同的意见。"

如上所述，在论述的过程中，逻辑跳跃在很大程度上会降低话语的说服力。因此我们在使用比喻这一修辞手法时，需要找到具体的相同之处，再全面考虑这一比喻是否成立，避免犯逻辑错误，导致话语失去说服力。

倾听和理解对方，让讨论顺利进行

共同解决问题 主持人助力双方顺 利沟通	正方双方各持意见 并展开辩论 主持人需从中调停
讨论	**辩论**

　　讨论是指在场人员一起就同一主题展开讨论，而辩论则是提出自己的意见，并说服对方接受这一意见。讨论是为了解决同一个问题，因此在讨论的过程中，需要倾听对方的意见，并对对方的意见做出反应或表示认同，接下来再陈述自己的方案。

　　我们先假设讨论的主题为"解决恶意评论的对策"。

A：人们喜欢在网上发表恶意评论，主要是因为评论具有
匿名性。因此我们必须尽快推进网络实名制的实施。

B：不可否认，实施网络实名制可以从制度上控制恶意评
论的数量，但其缺点就在于会限制个人的上网自由。
因此我们不用针对所有的网站实施实名制，而是针
对会发生恶性评论事件、需要保护个人名誉的网站，
有针对性地实施实名制。

如上面的例子所示，讨论的时候需要倾听和理解对
方，还要提出具体的方案。

而与之相反，辩论更侧重的是"说服与论证"。

说服并不是把自己的意见单方面地灌输给别人，而
是要听取对方的意见，承认对方意见中值得赞同的部分，
再阐述自己的观点。

在观看《讨论 100 分钟》等类似的节目时，我们经
常可以看到有人根本不听对方的陈述，从一开始就对对方
置之不理。

这种行为不能被称作是"说服"，只是一味地向对方灌输自己的想法。

　　在辩论时，一定要一目了然地、有逻辑地阐述自己的观点。

注重事实和论证方式，展开有效辩论

　　假设某场辩论以"体罚"为主题，正方的辩论观点为"我们要禁止体罚"。如果正方没有说明为什么要禁止体罚，却用"我们需要禁止集体体罚"这种抽象性的论点来阐述观点，听众肯定会听得云里雾里。

　　具体的观点和论证是指具体展开论述，如："韩国宪法规定，每个公民都应该被尊重，每个公民都是一个人格体，因此任何形式的体罚都是不允许的。"

　　而反方同样可以通过具体的陈述来表达自己的观点，如："每个人作为一个完整的人格体，都应该受到尊重，这固然是没错的。但我们只有在尽了应尽的义务之后，才能享有相应的权利。如果用尽了种种办法都不能帮助孩子改变，那么为了孩子和大义，我认为可以在理性的范围内实施一定程度的体罚。"

因此我们在阐述观点时，首先，一定要以事实为基础，做出一目了然的陈述。这样才能够让人信服。

其次就是要注意"论证的方式"。之前我们已经具体分析过，论证的方法主要有"具体论证""三段论法""辩证法"。

具体论证是指采用因果关系、举例、比较、对比、比喻等手法来做出论述。如："我赞成实施服兵役加分制度。20多岁的年轻人怀着满腔热血为国家和国民做贡献，为他们提供与之相当的补偿，是他们应有的权利。"

三段论法是指按照"大前提——小前提——结论"的结构来论证的方式。如："每个国民都有追求幸福的权利。尽管金哲秀是罪犯，但他同时也是韩国的国民。因此金哲秀也有追求幸福的权利。"三段论法的重点在于，小前提一定要包括在大前提里，否则的话逻辑就不能成立。

辩证法是指"正反合"的论证方式。如："每个国民都有追求幸福的权利。但是让杀人灭口的罪犯也享受到这种权利，这种做法容易引发误会。因此我们要限制适用这一权利的人群范围。"辩证法会先设置一个前提，再从与之相反的方向来展开论证，最终实现协调统一。

在讨论、辩论的过程中，最容易犯普遍性、情感呼吁及非黑即白的错误。

普遍性错误是指把基于某个例子得出的结论当成是普遍的情况，也就是我们常说的"以偏概全"。

就比如这句话："因为我和我朋友都不喜欢去游乐园，所以其他人也不喜欢去游乐园。"并不能因为某几个人不喜欢做某件事，就断定其他人也不喜欢做这件事，这种以偏概全的观点是不正确的。

而情感呼吁的错误是指通过打感情牌来获得大家的认同。如："当今世上的可怜人多到数不胜数，个体户和临时工都在辛辛苦苦地挣着血汗钱。我们应该要给他们发放奖金。"

非黑即白的逻辑错误是指对某件事持"非此即彼"的态度，让论证陷入两个极端。如："很明显你不讨厌我，所以你一定是喜欢我的。"

这种错误会成为讨论、辩论过程中的不利因素，使论证变得没有逻辑、不够具体。

说服他人还需要注意的一点是：**要先倾听对方的意见，对值得赞同的地方表示认同，之后再阐述自己的观点或意见。**

此外，还要熟记对方的论点，接过对方的话茬后，要围绕对方的论点进行论述。

我曾经参加过这样一场讨论，有一位参与讨论的先生在就校园暴力展开讨论时，论述的内容突然从校园暴力转移到了自己的经历上，一直在说自己小时候怎么怎么样，现在又怎么怎么样。整场讨论一直在罗列自己的事迹，我当时听得不禁眉头紧锁。

　　这位先生的问题就在于，他没有倾听对方的意见，只是在一味地陈述自己的观点，而且他的讨论内容也与论点严重不符，这也使得听众无法集中精力听其讨论。

　　如上所述，在讨论和辩论的过程中，我们需要集中精力，倾听并理解对方的陈述内容，这一点是至关重要的。

附　录

1. SNA 在线课程的特点

STEP1　播放 PPT 进行细心讲解

　　　　有利于学生理解课程内容

STEP2　课程的主体不是讲师而是学生

　　　　以学生为中心，打造一对一沟通型课堂

STEP3　从基础到实战的系统化培训

　　　　系统学习演技和演讲

STEP4　高配置在线教育环境

　　　　（提供 HD 系统、智能手机）

2. SNA 线下课程的特点

演技培训

应试考生、海选参赛者

娱乐公司所属演员

一对一课堂

演讲培训

自信、矫正发音

面试、演讲

选举、论述、演讲

一对一课堂

特别培训

演技 – 话术、手势

情感、面试、合格秘诀

演讲 – 发声培训

面试、演讲

企业课程

演技 – 实战演技

演技心理治疗

演讲 – 实战面试

实战演讲

沟通方法、说服技术

说话有逻辑就是将内心想法表述为合乎道理的话语。也就是说，如果说话不合乎道理，那就无法打动对方。

　　说话如果有逻辑，那么在对话或讨论的时候，我们就可以用逻辑来打动对方。
　　如果我们说话有逻辑，在与他人对话或协商时，我们的话语就会更有说服力。

　　本书提到了能让话语更有逻辑的实质性方法。使用这些方法能让大家在对话、沟通、面试、演讲、讨论、辩论等日常会话场景中说话更有逻辑。